JACET
応用言語学
研究シリーズ 1

英語授業学 の最前線

一般社団法人 **大学英語教育学会**（JACET）

淺川和也 ／ 田地野彰 ／ 小田眞幸 ［編］

ジュディス・ハンクス（加藤由崇訳）／ 柳瀬陽介

吉田達弘 ／ 竹内理 ／ 淺川和也 ／ 岡田伸夫

村上裕美 ／ 佐藤雄大 ／ 馬場千秋

ひつじ書房

はしがき

寺内　一
一般社団法人大学英語教育学会会長

　ここに一般社団法人大学英語教育学会（以下、JACET）英語教育学シリーズ第1巻『英語授業学の最前線』の刊行を皆様にお知らせします。JACETを代表いたしまして衷心より御礼申し上げます。このシリーズ化に対して快くお引き受けいただきました株式会社ひつじ書房の松本功社長に改めて感謝の念を申し上げます。

　1962年に設立されたJACETは、学会の背骨である『定款』にその第4条（目的）に「この法人は、大学をはじめとする高等英語教育機関における英語教育及び言語教育関連の研究・実践結果の発表の場の提供、大学教員の表彰、教育現場の調査研究を通じて、日本の大学英語教育の改善及び英語教育の発展に寄与することを目的とする」とあります。JACETは設立以来約60年もの間、大学英語教育に関する研究と実践を行ってまいりました。この研究に裏打ちされた実践という両輪がきちんとそろっているというのがJACETの誇るところであります。そして、そうした研究の理論と実践の場を研究成果として形に残していこうということで始まったのが英語教育学シリーズです。その第1冊目として決まったのが、この『英語授業学の最前線』なのです。小中高はもちろん、大学においても授業を通してさまざまな理論を実践しているので、この授業というのは非常に重要なものなのですが、体系的に授業をどうとらえていくべきかを扱った研究はJACETでは2000年代までには積極的には行われていませんでした。そこで、本書が刊行されるに至るまで、JACETが大学での英語授業学に対してどのような姿勢で取り組んできたかを振り返ってみます。

　JACETは2005年に第1次授業学研究委員会を発足させ、特に大学の英語

授業に焦点を置いた研究に着手いたしました。その集大成が 2007 年の 3 月に松柏社から『高等教育における英語授業の研究—授業実践事例中心に』(大学英語教育学会授業学研究委員会 (編) であり、その「はしがき」に、「本書は大学などの高等教育機関における英語授業を実践事例に基づいて分析・考察したものである。大学の英語授業を概観し、主要な問題を掘り下げて解説している点において、『大学英語授業学』の概論所・入門書としての性格を備えるものであるといえる」とあるように、まさに、これを持って JACET は大学における英語授業学研究をスタートさせたのです。この第 1 次授業学研究では、大学の授業がかかえる数多くの問題を確認し、授業そのものの改善の方向を示したといえます。

さらに、2010 年には第 2 次授業学研究委員会が設立され、第 1 次授業学研究をさらに掘り下げて、「学力とは何か」「学びを妨げている要因とは何か」などいくつかの項目に焦点を絞り研究を行いました。その成果報告が『高等教育における英語授業の研究—学習者の自律性を高めるリメディアル教育』(JACET 第 2 次授業学研究特別委員会 (編) 2012 年) としてまとめられています。

その後、授業学研究は関東、中部、関西の 3 つの支部の研究会に引き継がれ、それぞれが独自の研究を重ねてまいりました。そして、JACET はこれら 3 支部の授業学の研究活動を統合すべく、2016 年度から 2018 年度まで「授業学」をテーマとして英語教育セミナーを開催いたました。2016 年度は「授業学を生かす英語教育イノベーション I」(青山学院大学)、2017 年度は「授業学を生かす英語教育イノベーション II」(関西外国語大学中宮キャンパス)、2018 年度は「授業学を問い直す—だれが 'practitioners' か」(京都府立大学) が個別テーマで、この 3 年間を総括した形で、この度、ひつじ書房から刊行されたのが本書となります。

それでは、本書の内容を紹介していきます。本書は基礎編、理論編、応用編、資料編の 4 部で構成されており、まず基礎編において、「言語教育における実践者研究の再考」という題名で英国リーズ大学の Judith Hanks 先生が改めて授業の実践者とは誰なのかを問いただして問題提起をしていただいております。なお、中部大学の加藤由崇講師が翻訳をされております。

　次に、理論編で、日本を代表する 3 人の英語教育の研究者にご執筆していただきました。まずは、「当事者の現実を反映する研究のために―複合性・複数性・意味・権力拡充」を京都大学の柳瀬陽介教授が、次に、「『二人称的アプローチ』による英語授業研究の試み」を兵庫教育大学の吉田達弘教授が、そして、「何に着目すれば良いのだろうか―英語授業改善の具体的な視点を探る」を関西大学の竹内理教授がご教示なされています。

　重厚な基礎編と理論編に続くのが応用編です。ここは、2 つのシンポジウムをまとめたものです。まずは、明治学院大学の浅川和也客員研究員の司会のもと、京都大学の柳瀬陽介教授、兵庫教育大学の吉田達弘教授、関西大学の竹内理教授が基礎編のお話を実践につなげておられます。もう 1 つのシンポジウムは関西外国語大学の岡田伸夫教授の司会により、先述の JACET の 3 支部の授業学研究会の代表である、帝京科学大学の馬場千秋准教授、名古屋外国語大学の佐藤雄大教授、関西外国語大学の村上裕美准教授がそれぞれの授業学の実践状況をもとにお話されています。

　最後に、2016 年度から 3 回にわたり授業学研究に特化して開催された「英語教育セミナー」のテーマとプログラムを資料として収集しました。2016 年度は「授業学を生かす英語教育イノベーション I 」、2017 年度は「授業学を生かす英語教育イノベーション II 」、そして、最終の 2018 年度は「授業学を問い直す―だれが practitioner か」となっております。なお、2018 年度は英語教育セミナーと JACET の伝統のひとつとなっているサマーセミナーとのジョイントセミナーとして開催いたしました。

　このように、本書『英語授業学の最前線』が JACET の長い授業学研究から生み出されたものであることがおわかりになられたのではないでしょうか。まずは、本研究に携われて来られた方々に改めて感謝の念を表わしたいと思います。そして、本書が読者の皆様に何らかの形で貢献できることを確信しております。授業学研究をはじめとした JACET の活動へのご参加とご理解をよろしくお願い申し上げまして、巻頭のご挨拶とさせていただきます。

目　次

言語教育における実践者研究の再考

ジュディス・ハンクス
（加藤由崇訳）

当事者の現実を反映する研究のために
複合性・複数性・意味・権力拡充

柳瀬陽介

「二人称的アプローチ」による英語授業研究の試み

吉田達弘

何に着目すれば良いのだろうか
英語授業改善の具体的な視点を探る

竹内　理

言語教育における実践者研究の再考[1]

ジュディス・ハンクス

（加藤由崇訳）

本講演では、「言語教育における研究と指導・学習の統合」、「実践を探究する共同探究者としての学習者と教師」という 2 つのテーマから実践者研究（practitioner research）の再考を試みる。探究的実践（Exploratory Practice）を中心的な議題としながら、言語教育における実践者研究の在り方について考察する。

【講演 1】 言語教育における研究と指導・学習の統合

1　研究とは何か

Denzin and Lincoln (2003) は、「あらゆる研究は何らかの解釈に基づいている。研究を先導するのは、世界に関する、そしてその世界をどのように理解し、研究すべきかに関する信念や感情である。…採用する解釈的パラダイム（interpretive paradigm）によって、研究者には研究課題やその解釈などに関する特定の要求が与えられる。」(p.33) と述べている。

近年、英国では研究評価の指標として Research Excellence Framework[2] などが話題になっているが、その議論では「厳密さ」(Rigour)、「影響力」(Impact)、「独自性」(Originality) といった言葉が頻繁に使われる。だが、誰がこうした研究を評価するのか。ここでもう一度、以下のようなことを考えてみる必要がある。

・誰が研究の議題を決めるのか
・誰が（誰に関する／誰とともに）研究を行うのか
・誰が（誰に対して）研究の報告をするのか
・誰が研究の恩恵を受けるのか
・誰が研究の「重要性」を決めるのか

　そもそも「良い研究」とは何なのか。例えば Yates (2004) を参考にまとめると、以下のような規準が挙げられる。

・研究のデザインや方法、体系性において、技術的な説得力があるか
・知の構築に明確な貢献を果たしており、私たちの世界観を変え得るか
・特定の文脈の個人あるいは広く世界にとって真に重要なものであるか

　一方で、Burton (1998) は言語教育における研究について「伝統的な研究は、教師が知りたいことを提供してくれない。教師は、説明や定義よりも理解や啓発を求めている。」(p.425) と述べている。これは約 20 年前の言葉であるが、現代の研究の在り方にも何らかの示唆を与えるかもしれない。同様に、教室の生態学的な特徴 (ecological nature) について述べた Tudor (2001) は、「…教室で起こっていることを正確に理解するためには、その教室を独自のものとして捉え、その教室の参与者自身の方法で、参与者自身にとっての意味を探究しなければならない。」(p.9) と述べている。それぞれ場所も人も異なる教室について一般化することは容易ではない。

2　実践者研究とは何か、なぜ必要なのか

　Borg (2013) は、実践者研究が「教師の仕事や学習者の経験、教育機関の効果や信頼を高めたり改善したりする可能性を持っていることは否定できない。」(p.230) と述べている。実践者研究を行うことで恩恵を受けるのはそれが対象としている教室の参与者であり、Borg は実践者研究が何らかの変容を生むと述べている。それは参与者の頭の中で起こることかもしれないし、

あるいは外からも観察できるようなものかもしれない。

　ここで、実践者研究の定義についてふれておきたい。Hanks（2017a）でまとめたように、実践者研究は図1のような「家系図」として理解することが可能である。例えば、実践者研究を父や母の位置に置けば、「アクション・リサーチ」（Action Research）や「省察的実践」（Reflective Practice）は、家族の中で兄や姉のような場所に位置付けられる。前者の中には、CAR（collaborative action research）やPAR（participatory action research）、EAR（exploratory action research）が含まれる。一方、私自身がこれまで深く携わってきた実践者研究である「探究的実践」（Exploratory Practice）は、この家系図では弟や妹の位置にあたる。まるで本当の弟や妹のように、兄や姉の経験と、自分自身の経験や失敗から学んでいる実践者研究の一形態であると言えるかもしれない。これらの他にも、「教師研究」（Teacher Research; TR）や「教室研究」（Classroom Research; CR）、「ナラティブ・インクワイアリー」（Narrative Inquiry; NI）、「レッスン・スタディ」（Lesson Study; LS）などがこの家系図の中に含まれる。それぞれの実践者研究が、互いに関係性を持ちながらも独自のアイデンティティを有している。

図1　実践者研究の「家系図」(Hanks, 2017a)

　なお、実践者研究を *Teacher* Research ではなく *Practitioner* Research と呼んでいるのは、実践者研究を行うのが必ずしも教師だけではないという点が関係している。例えば、教師教育者やカリキュラム開発者、教育心理学者、教育機関の責任者、そして学習者などもその主体となり得る。特に学習者については、Allwright and Hanks（2009）で言及したように、自身の学習の実践者（practitioners of learning）として捉えることができる。

　これらの議論をふまえた実践者研究の操作的定義は、「実践者（教師、教師教育者、学習者など）が、実践者自身の文脈において、教育の過程や人間の行動に関する理解を深めるために、目的のある、体系的で、倫理的かつ批判的な探究を行うこと」（Hanks, 2017a: 41）のようになる。

3　実践者研究を阻む要因

　だが、実際の教室には、以下のような実践者研究を阻む要因があるのも事実である。

・ 時間の欠如
・ 研究の議題や結果が、授業参与者の関心事ではない
・ 物理的、精神的、経済的な資源の欠如
　　　　（Borg, 2013; Burton, 1998; Zeichner and Noffke, 2001 をもとに作成）

　例えば時間の欠如に関しては、教師が日々の授業や採点、学習者や保護者への対応などに追われているのと同様に、学習者も宿題やその他のことに追われ、多忙な生活を送っている。そのため、私たちはこのような状況をふまえた上での実践者研究の在り方を探らなければならない。さらに Burns（2010）は、「研究者とは違い、教師は研究によって給与を得たり、研究の時間を与えられている訳ではない。教師はあらゆる指導上の責務を有しており、研究に割く時間は多忙な仕事に付加されるものなのである。」（p.6）と述べている。

　これらの議論からは、教師が研究と実践の異なる方向に引っ張られている現状が読み取れる（図 2）。だが、もしこれを探究と実践が循環する枠組みとして捉えられれば（図 3）、「…研究者を助けるものが教師も助け、それと同時に学習者が言語の学習・指導についてさらに理解することを助ける」（Hanks, 2017b: 38）ものとして実践者研究を捉えることができるかもしれない。

　実際、このような探究的実践は日本の文脈でも行われている。Rowland

図2　研究と実践のジレンマ

図3　探究と実践の循環

(2011)は「…探究的実践のアプローチを取ることで、研究を通常の授業に統合することが可能になり、教室における探究と教育の両立が可能になった」(p.258)と述べている。また、Pinner(2016)は、ナラティブ・インクワイアリーと探究的実践を組み合わせ、「教師はこのような経験によって、より深い省察を経験し、自身が教室でくだす判断の背後にある信念に気づくことができる。」(p.194)と述べている。私自身もしばしば経験することであるが、授業中に「なぜ自分はこのような判断をしたのか」という瞬間に出会ったとき、このアプローチを取ることで、その理解を深めることができるかもしれない。

　これらは、探究的実践の原則である「原則7：理解のための取り組みを通常の教育的実践に統合することで、負担を最小限にする」(Allwright and Hanks, 2009: 260)にも書かれていることである。以下では、このような探究的実践が実際の授業においてどのような意味を持つのか、事例研究を通して見ていきたい。

4　事例研究（Hanks 2015a, 2015b, 2017a, 2017b）

　英国における、特に学術目的の英語(English for Academic Purposes; EAP)の授業における事例を見ていきたい。学生は日本やオマーン、台湾、中国などから来た留学生で、英国の学士・修士課程への進学を考えていた学生だった。探究的実践は、約10週間の授業のうちの一部の授業時間を使って行った。

　最初に行ったことは、私自身が支援をしながら、教師や学生が自分の指

導や学習において疑問に思っていること（what puzzles them）を引き出すこと
だった。学習者は、パズル（puzzle(s)）に基づいて編成されたグループごとに、
インタビューや質問紙、図書館やインターネット検索を活用したデータ収集
に取り組んだ。これは EAP 授業では通常のことであった。データの分析と
整理を行ったのち、それぞれの学習者グループは 20 分間のポスタープレゼ
ンテーションを行った。それは、学習者による、学習者（と教師）のためのも
のだった。

　以下に挙げるのは、（今回の事例研究に限らず、これまでに）教師が挙げた
パズルの一例である。

・なぜ、授業の準備をしてくる学生とそうでない学生がいるのか？
・なぜ、私の学生は話したがらないのか？
・なぜ、私の学生は技能統合型の授業を文法や語彙の授業だと考えるのか？
・なぜ、私の学生はすぐにやる気を失ってしまうのか？
・なぜ、学生に質問をされると緊張するのか？
・なぜ、私の学生は英語の綴りを学ぶことができないのか？
・なぜ、CPD（Continuing Professional Development; 継続的な専門能力開発）
　を負担に感じるのか？
・なぜ、私の学生は授業中に寝てしまうのか？

　これらは教師にとって一般的なパズルであり、明確な答えはないように思
われる。ただ、探究的実践を通してパズルへの理解を深めることはできる。
以下では、ここで紹介する事例研究において、教師の John が挙げた 1 つ目
のパズルに注目して話を進めていく。

　当時、John は経験豊かな教師であり、自律学習に関するプロジェクトな
どを行う人物でもあった。以下の発言からは、彼の不満を読み取ることがで
き、その後にすぐ解決策を提示しようとする姿勢も読み取れる。なお、以下
に示す人物の名前はすべて、研究の参加者に同意を得て使用されている偽名
である。

John: *[speaking slowly with much emphasis]*... my puzzle is: why—*why* do some students come on a course not prepared or willing to learn? ... not ready to... Why do they even **bother**?

so are there sociological factors... like pushy parents? ... um what are the factors that cause a student to come and yet not to work? Not be motivated... what *is* that?

（John：［強調しながらゆっくり話して］…私のパズルは：なぜ—なぜ授業の準備をしてくる学生とそうでない学生がいるのか？…準備をしてこない…なぜわざわざそんなことをするのか？

社会学的な要因があるのか…厚かましい親のような？…なぜ学生は来るだけで何もしないということになるのか。やる気がない…それは何なのか？）³

　この点について John に「研究」をしたいか尋ねたところ、John は以下のように答えた。

John: I'd be really interested but I think it would turn into a hugely time-consuming thing [...] I'm just thinking of time. I'm thinking of... is this going to be like umm a 10,000 word essay, or a 5,000 word essay, I mean what—what have I got to produce?

（John：とても興味はあるが、それはとても時間のかかることになると思う[…] ただ気になっているのは時間のことで。気になっているのは…これが例えば 10,000 語や 5,000 語のエッセーになるのかということで、つまり私は何を—何を成果にしなければいけないのか？）

　探究的実践では必ずしも何らかの「成果」を出す必要はなく、自分の指導や学習に関する理解を深めることができればそれでよいと考えている。John にこの点を伝えたところ、彼は探究的実践を行うことに同意したのである。その探究の方法としては、特別な研究手法ではなく、以下に挙げるような通常の教育実践（normal pedagogic practices）を用いた。

- ペアワーク
- グループワーク
- 情報ギャップ活動
- プロジェクト
- 調査、インタビュー、質問紙
- 語彙学習
- ライティング（文、段落、文章）

- ブレインストーミング（個人、集団）
- 穴埋め活動
- 読解と設問への解答
- タブレット、電話、インターネットなど
- エッセー、レポート、課題

　学生自身にもパズルを探究する機会を与えつつ、John 自身も彼のパズルに関する理解を深めていった。

John: I've suggested to them that they use a lot of other media. […] We also discussed ***how*** they would further their knowledge of their puzzle. What could they do? […] things like: the internet, library, … talking with other students, 'do you need to make a questionnaire?' and many of them *are* making questionnaires, they want to ask other students…

（John：学生には他にも多くのメディアを使うことを提案した。[…] 学生のパズルについての知識をより深める**方法**についても議論した。どうすればよいかと。[…] 例えば：インターネット、図書館、…他の学生と「質問紙を作る必要があるか」を話すこと、多くの学生は**実際に**質問紙を作り、他の学生に尋ねようと…）

　ここまでの議論からも示唆されるように、探究的実践は過程重視のアプローチだと言える。Breen (2006) は、「（探究的実践は）… 過程を重視するもので、日々の業務に付加されるものではなく、その中に組み込まれるものである。また、その場の関心事や教師と学習者のニーズによって駆り立てられるものである。」(p.216) と述べている。探究的実践は、図4のように、何らかのパズルから始まり、理解を目指して行われるもので、それはさらなるパズルへとつながりながら理解をさらに深めていく。

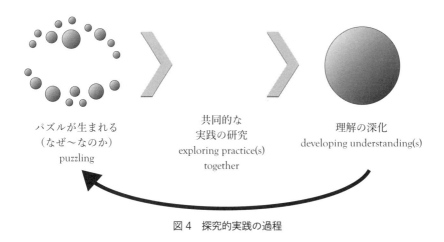

図4　探究的実践の過程

　探究的実践を行った後、John に実践について尋ねると、以下のような返答があった。

John: It would be difficult to design an activity that engages them more. They were all engaged and they were really interested in the findings. […] It's given them an excellent speaking and writing opportunity […] they can see it's *entirely* relevant to what they're going to be doing. […] It's made all the work we're doing relevant to their needs.

（John：（探究的実践以上に）学生の取り組みを促す活動を考えるのは難しいと思う。学生は皆活動に取り組み、それぞれの発見に本当に興味を示していた。［…］探究的実践は、学生に素晴らしいスピーキングとライティングの機会を提供した。［…］学生は、探究的実践がこれから（大学で）行うことにとても関係していることが理解できる。［…］探究的実践のおかげで、私たちが行っていることのすべてを学生のニーズに関係づけることができた。）

　John は、彼自身のパズル（なぜ、授業の準備をしてくる学生とそうでない学生がいるのか？）に関しても理解を深めたと述べており、もし定年までにもう少し時間があれば、より大きなプロジェクトを行っていたかもしれない

と話した。

5　研究と教育の統合

　ここでは研究と教育の統合に関して、第3節で述べた実践者研究を阻む要因と関連させながら、探究的実践がもたらす可能性について述べる。

　まず、「理解」に向けての営み（研究）を指導や学習（教育）に統合する際、「時間」はもはや問題とはならない。なぜなら、参加者のニーズに基づいた探究的実践は、参加者自身の生活への関わりが大きく、また通常の教育実践の中で行われるため、参加者の負担として捉えられることがない。お互いの成長やパズルの深い理解に繋がり、意欲や前向きな感情をもたらし、広くは「生活の質」（quality of life）の向上に寄与すると言える。だが、もちろんこの講演における1つの事例のみで探究的実践の評価をすることはできない。これについては次の講演2でさらに議論したい。

　詳細は次の講演で述べるが、探究的実践について、その7つの原則にふれずに説明することはできないだろう。

1.　「生活の質」を最優先にすること
2.　教室での言語学習の生活を理解するために取り組むこと
3.　すべての人が関わること
4.　探究の過程と成果を共有すること
5.　互いの成長のために取り組むこと
6.　その取り組みを継続的なものにすること
7.　理解のための取り組みを既存のカリキュラムと統合すること
（負担を最小限に、持続可能性を最大限にすること）

（Allwright and Hanks, 2009 を改編）

　特に原則1と2については、Tajino and Smith (2005) における「…教室生活の理解は、不完全で常に変わりゆくものであろうが、学習者や教師は（理解のための営みを通して）学びが好奇心から生まれるものであることを思い

出すことができる。」(p.468)という記述は特筆に値する。

6　結論

研究と教育の統合が意味することは、次のようなことであった。

・学習者や教師に関わりがあり、持続可能で、影響力のある取り組みである
・教室における言語学習に関する、持続可能で、創造的かつ意欲を喚起する
　過程重視の探究である('doing-being' research)
・学習と指導に関する私たちの理解を共有するための取り組みである
・教師や教師教育者、学習者の生活の質を高めることを目的とする

【講演 2】実践[4]を探究する共同探究者[5]としての学習者と教師

1　誰が「実践者」なのか

　探究的実践を考案した Dick Allwright 氏は、それについて以下のように述べている。「探究的実践は［…］指導と学習を行いながら、同時に、教師と学習者が**自身の取り組みに関する理解**を深めることを目的とした方法である。」（Allwright, 2006: 15）彼は意図的に「研究」（research）という言葉を避け、「探究的実践」（Exploratory Practice）という言葉を用いている。これは、しばしば言及される研究と実践の乖離をふまえた判断であったのかもしれない。私は、研究は研究者だけのものではなく、教育の当事者である教師や学習者を含むすべての参与者が取り組むべきものであると考えている。

　以下の図 5 は、ブラジルのリオデジャネイロにおける 2017 年の国際応用言語学会（AILA）で撮影された、実践者によるポスター発表の様子である。写真の左には教員志望の学生、右には高校生が写っている。2 人はともに抱いたパズルについて探究した成果を発表している。この 2 人は間違いなく実践者である。

図 5　実践者によるポスター発表

　探究的実践における学習者について、Allwright（2003）は「…学習者は研究の対象としてではなく研究の仲間として、つまり共同探究者（co-researchers）として関わるのである。」（p.129）と述べている。これは、学び手としての教師（teachers-as-learners）あるいは教え手としての学習者（learners-as-teachers）と

して両者を捉える「ティームラーニング」(team learning) の考えに呼応しており (Tajino and Smith, 2016)、「教師と学習者が、調和のとれたティームラーニングの関わり合いの中でともに学習環境を構築するとき、ティームティーチングの最大の協働可能性が実現するのかもしれない。」(p.23) という言及は示唆に富むものである。私は、教師が学ぶのをやめた時、それは教師が職を辞すべき時であると考えている。学習者は常に教師に様々なことを教えてくれるが、こうした事実はしばしば忘れられていることのように思える。

　Dick Allwright 氏と私は、2009 年の書籍において、学習者に関する 5 つの命題をまとめた (Allwright and Hanks, 2009)。それを一文で表現するならば、「学習者は、真摯に学びに向き合い、独自の判断をくだし、学びの実践者として成長することができる、唯一無二の個人および社会的な存在である。」(p.15) となる。

　例えば今日のセミナーの後、参加者一人ひとりに今日学んだことを尋ねたら、それぞれ異なる回答が得られるだろう(「唯一無二の個人」)。特に言語に関する学びは、他者との関わりの中で生じることが多い(「社会的な存在」)。教師どうしの会話を聞いていると、残念ながらしばしば学習者への不満(宿題をしてこなかった等) が述べられることが多いが、実は学習者は自分の学びに「真摯に向き合い」、「独自の判断をくだす」ことができる存在であることを私たちは知っている。最後に、教師や看護師が実践者であるのと同様に、学習者自身も、何年も自分の学びに向き合い続けている「学びの実践者」だと言える。

　学習者は、自身の学びについて「なぜ…だろう」("I wonder why...?") というパズルを持っている。こうしたパズルは社会情勢に関連したものであることも多い。Allwright and Hanks (2009: 247-248) に掲載されているのは、ブラジルで働く教師であるワレウスカ (Walewska) のエピソードである。彼女が学習者の持つパズルを尋ねたところ、「なぜ学校の英語の授業は私たちが労働市場で働くための準備をする場になっていないのか」というパズルが出された。学習者はそれを探究するため、教室を出て、社会で英語を使っている様々な人にインタビューをしたのである。この探究的実践を通して、学習者は自身の学びに関する理解を深めていった。

　講演 1 で紹介したのは主に教師のパズルであったが、このように学習者自身も多くのパズルを持っている。その例を以下に挙げる。

・なぜ、学術英語を学んでいると退屈なのか？
・なぜ、理解はしているのに、新しい単語を使えるようになるのにいつも多くの時間がかかるのか？
・なぜ、授業や講義への集中力を維持することは難しいのか？
・なぜ、イギリスの大学で学ぶことに不安を抱えているのか？
・なぜ、自分の感情を英語で正確に表現することができないのか？
・なぜ、何年も勉強したのに、英語がうまく話せないのか？
・なぜ、英語の授業に行くのは楽しいのか？

　最後の例にもあるように、パズルは常に否定的なものであるとは限らない。また、これまでの例にあるように、パズルは Why（なぜ）から始めるとよい。How（どのように、どうしたら）から始めると、表面的な解決策を求めるだけになることが多いからである。例えば、教師のパズルを考えた時、「母語の使用を抑えるにはどうしたら（How）よいか」という問いに対して即座に解決策を提示しようとするよりも、「なぜ（自分の学習者は）母語を使用したいのか」というパズルをもとに、学習者自身にその理由を尋ねてもよいはずである。

2　共同探究者としての学習者と教師—探究的実践の例

　以下の表 1、2 に、2 つの事例研究で学習者と教師が考えたパズルを示す。表 1 の John は、講演 1 において紹介した教師である。

表1　学習者と教師のパズル（事例研究1）

学習者	
Gina	なぜ、新しい語彙を覚え、使うことができないのか？
Kae	なぜ、毎回の授業に集中することができないのか？
Meow & Cheer	なぜ、何年も勉強したのに英語が使えないのか？
教師	
John	なぜ、授業の準備をしてくる／そうでない学生がいるのか？
Kay	なぜ、学生に質問をされると緊張するのか？

表2　学習者と教師のパズル（事例研究2）

学習者	
Chiho & Kai	なぜ、思ったとおりに話せないのか？
Ted	なぜ、悪い言葉の方が簡単に学べるのか？
Ahmad	(1)なぜ、母語を使って別の言語を学びたくないのか？
	(2)なぜ、異なる状況・場面で学ぶことが難しいのか？
教師	
Bella	なぜ、中東の学生は綴りが苦手なのか？
Jenny	なぜ、学生は語彙を覚えることに難しさを感じるのか？

実際の授業では、学習者は以下のようなことを行った。

・自分自身のパズルを設定する
・他の学習者とともにその課題に取り組む
・教師とも協力してデータを収集し、分析する
・結果を伝えるプレゼンテーションの準備をする
・他の学習者や教師に向けてポスタープレゼンテーションを行う
・グループで「研究方法」に関するライティング課題に取り組む
・研究を行いながら、重要な言語スキル（や学術スキル）を練習する

　以下は、タイ出身の Meow と日本出身の Cheer との会話である（Hanks,
2017a, 2017b）。Meow のパズルに Cheer が共鳴していることが読み取れる。

Judith: so… what's your puzzle?

Meow: why can't I use English well after studying for a long time?

[*laughter*]

Cheer: [*clearly and distinctly*] it's exactly same as me!

（**Judith:** それで… あなたのパズルは何？
Meow: なぜ、何年も勉強したのに英語が使えないのか？［笑い］
Cheer:［明確にはっきりと］それは私と全く同じ！）

Meow は、探究的実践について以下のように述べている。

Meow: 'I think it's very helpful for—for me if I can understand er what puzzle I have. And I- I just find 'Oh! I have a lot of puzzle that I never thought about it before!'"

（**Meow:** とても役立つと思う—私にとって もし私がどんなパズルを持っているか理解できれば。それで私は—私は『あぁ！以前は考えたこともなかったパズルをいっぱい持っているんだ！』と気づく。）

　次に紹介する Kae は「なぜ、毎回の授業に集中することができないのか？」というパズルを持っていた（Hanks, 2017a, 2017b）。彼女は自分のパズルの理解を切実に求めていた。

Kae: 'It's fantastic because this er... we don't usually think about this kind of question so... [*laughs*] I don't know I will ... I don't know whether I will find the answer of the ques- of the puzzlement, my puzzlement, but it's exciting'

（**Kae:**（探究的実践は）とてもいい。なぜならこれは… 私たちは普段こうした質問について考えないから…［笑い］わからないけど… パズル、私のパズルに対する答えが見つかるかはわからないけど、でも楽しい。）

Kae: it is interesting to show […] my thinking to others and if the others, and they will be excited […], yes I'm hap-happy, yeah

（Kae: 見せるのは面白い […] 私の考えを他の人に それでもし他の人が、その人たちが楽しんでくれたら […] うん私も楽しい、うん）

　　オマーン出身の Ahmad と日本出身の Chiho による以下のコメントは、教師が学習者から学ぶことの大切さを教えてくれている（Hanks, 2015a）。

Ahmad: I think many, many teachers say 'I do my best! Why don't they understand?' […] 'I'm trying, why are they just talking? Why they don't try their homework? Why they don't come to class?'... I think it's very important because the education is not just teaching, it's teaching from one side and learning from other side

（**Ahmad**: 私が思うのは 多くの、多くの先生が言うのは「私は最善を尽くしている！なぜ学生は理解しないのか？」とか […]「私は頑張っているのに、なぜ学生はただおしゃべりをしているのか？なぜ学生は宿題をしてこないのか？なぜ学生は授業に来ないのか？」ということで… 私は探究的実践はとても重要だと思う なぜなら教育は教えることだけではないから、一方から教えて もう一方から学ぶことだから。）

Chiho: very interesting, yes because of course we can learn a lot of things from the lecture, but I think […] we are studying, the teachers are also studying, so interaction is very beneficial to both teachers and students

（**Chiho**: とても面白い、うん なぜならもちろん講義からも私たちは多くのことを学ぶことができるけど、私が思うのは […] 私たちは学んでいて、先生も学んでいて、だからその関わり合いが先生にも学生にもとても意味があるのだと思う）

　　日本でも高等教育レベルなどで探究的実践が行われている。例えば、Darren Elliott 氏は「なぜ、学生は自分のことに責任を取りたがらないように

見えるのか？」というパズルを抱いた。ある日、彼は黒板に何か書いて、教室から外に出た。学生は驚いた様子だったが、教師がいない状態でも学生は活動を行っていた。Elliott 氏は、以下のように述べている。「授業から完全に自分の姿を消してはじめて、どれほど学生が私に依存していたかを理解することができた [⋯] 一歩引いてみて、予期していた以上に学生が長い間英語を流暢に話している姿に驚いた。」（Elliott in Hanks, 2017a: 157–160）彼も学生から学んでいたのかもしれない。

3　実践者研究の共有（Hanks, 2018）

　実践者による取り組みを共有することも重要である。その方法としては、ブログ記事や動画投稿のほか、漫画などの独創的な媒体も活用されている。

3.1　ブログ記事

Bee Bond (*Teaching EAP*)

https://teachingeap.wordpress.com/tag/exploratory-practice/

Yasmin Dar (*International Festival of Teacher Research in ELT*)

http://www.teachingenglish.org.uk/article/international-festival-teacher-research-elt-2017–0

3.2　動画投稿（Vlogs や YouTube）

Rio Exploratory Practice Group

https://www.youtube.com/channel/UCc9aqv6OH2edRym2UII9ffg

ELT Research

https://www.youtube.com/channel/UC7zn1w6lleROMkKhHz-1cTg

3.3　漫画

Elliott, Darren. (2016). Exploring the possibilities of reporting teacher research through comics. *English Language Teacher Education and Development, 2*, 1–6.

http://www.elted.net/volume-20.html

3.4　Special Interest Group（SIG）の活動

IATEFL Research SIG

ELT Research Resources: http://resig.weebly.com/resources.html

Newsletter (*ELT Research*): http://resig.weebly.com/newsletter.html

4　実践者研究の原則

　講演 1 でも言及した実践者研究の原則は、以下の図 6 のようにまとめることもできる（Hanks, 2017a）。

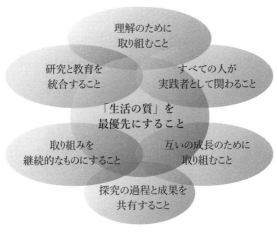

図 6　実践者研究における 7 つの原則

　探究的実践は「生活の質」（quality of life）に焦点をあてている。Gieve and Miller（2006）は、生活の質は「教師と学習者が教室でともに経験したことを理解する、あるいは理解しようとするものであり、こうした理解は、外的な基準によって測られる生産的・効率的な教室の成果よりも教師と学習者が直感的に理解できるような重要性を有している。」（p.23）と述べている。

　一方で、Alison Stewart 氏は「学習の質」（quality of learning）という言葉を用いることを提案している。「…学習者や教師のアイデンティティは、社会的な文脈によって、あるいはその中で形成される。もちろん私たちは様々な

理由から異なる役割を担うことがあるものの、こうした学習者／教師としてのアイデンティティを当然のものとして受け入れる傾向にある。こうしたアイデンティティの当然の結果として、私たちがともに何かを行うことは学習と結び付くのが一般的で、それゆえ『学習の質』という言葉の方が私たちの様相をより的確に示すのでないかと言える。」(Stewart, Croker and Hanks, 2014: 145)

5　結論

　実践者研究の意義について、Zeichner and Noffke (2001) は「実践者研究を行う者が自身の探究を公開するとき、その取り組みは(a) 他の研究者や実践者にとって、(b) 教師教育のカリキュラムや専門的成長を支援するプログラムにおいて、(c) 教育政策の立案者にとって、潜在的な知の源になる。」(p.315)と述べている。

　学習者と教師による実践者研究への貢献は、学習や指導、研究の過程をさらに理解することに繋がり得る。今後、探究的実践のような実践者研究の考えが受け入れられれば、実践者による、小規模で、それぞれの文脈に具体的に関連する研究を支援できる可能性があると考えている。

注
1　本稿は、2018年8月に京都府立大学で行われた「JACET 第1回ジョイントセミナー」におけるジュディス・ハンクス氏による2つの講演（"Integrating research into language teaching and learning" および "Learners and teachers as co-researchers exploring praxis"）を翻訳者がまとめたものである。講演内容の確認が必要な箇所では可能な限りハンクス氏本人との対話をもとにその意図を忠実に訳すことを心がけたが、不明瞭な訳はすべて翻訳者の責任である。
2　Research Excellence Framework (REF) は、英国の大学研究評価制度を指す。この評価が政府からの研究助成金の配分に影響を与えるため、英国の高等教育関係機関はREFを重要視している。なお、2014年に続き、次回は2021年に実施予定である。
3　原語（英語）でイタリックや太字が使われている箇所は、日本語でもその再現に努めた。

4　原語は praxis である。本稿では praxis と practice をどちらも「実践」と訳しているが、praxis という言葉が用いられていたのは、この講演 2 のタイトルのみである。

5　原語は co-researchers である。講演 2 の冒頭にもあるように、「探究的実践」は意図的に「研究」という言葉を使用していない。この点をふまえ、本稿では co-researchers を共同研究者ではなく、あえて共同探究者と表現している。

参考文献 (* 講演中に紹介された探究的実践の推薦書籍)

Allwright, Dick. (2003). Exploratory Practice: Rethinking practitioner research in language teaching. *Language Teaching Research, 7*(2), 113–141.

Allwright, Dick. (2006). Six promising directions in applied linguistics. In Simon Gieve and Inés K Miller (Eds.), *Understanding the language classroom* (pp.11–17). Basingstoke: Palgrave Macmillan.

*Allwright, Dick and Hanks Judith. (2009). *The developing language learner: An introduction to Exploratory Practice*. Basingstoke: Palgrave Macmillan.

Borg, Simon. (2013). *Teacher research in language teaching: A critical analysis.* Cambridge: Cambridge University Press.

Breen, Michael P. (2006). Collegial development in ELT: The interface between global processes and local understandings. In Simon, Gieve and Inés K Miller (Eds.), *Understanding the language classroom* (pp.200–225). Basingstoke: Palgrave Macmillan.

Burns, Anne. (2010). *Doing action research in English language teaching: A guide for practitioners.* New York: Routledge.

Burton, Jill. (1998). A cross-case analysis of teacher involvement in TESOL research. *TESOL Quarterly, 32*(3), 419–446.

Denzin, Norman K and Lincoln Yvonna S. (2003). *Strategies of qualitative inquiry.* Thousand Oaks, CA: Sage Publications.

*Dikilitaş, Kenan and Hanks Judith. (Eds.). (2018). *Developing Language Teachers with Exploratory Practice: Innovations and explorations in language education*. London: Palgrave Macmillan.

*Gieve, Simon and Miller Inés K. (Eds.). (2006). *Understanding the language classroom.* Basingstoke: Palgrave Macmillan.

Hanks, Judith. (2015a). 'Education is not just teaching': Learner thoughts on Exploratory Practice. *ELT Journal, 69*(2), 117–128.

Hanks, Judith. (2015b). Language teachers making sense of Exploratory Practice. *Language Teaching Research, 19*(5), 612–633.

*Hanks, Judith. (2017a). *Exploratory Practice in language teaching: Puzzling about principles and practices*. London: Palgrave Macmillan.

Hanks, Judith. (2017b). Integrating research and pedagogy: An Exploratory Practice approach. *System, 68*, 38-49.

Hanks, Judith. (2018). Supporting language teachers as they engage in research. *ETAS Special Supplement Research Literacy Part 3: Supporting teacher research in English language teaching, 35*(3), 48-50.

Pinner, Richard. (2016). Trouble in paradise: Self-assessment and the Tao. *Language Teaching Research, 20*(2), 181-195.

Rowland, Luke. (2011). Lessons about learning: Comparing learner experiences with learning research. *Language Teaching Research, 15* (2), 254-267.

*Slimani-Rolls, Assia and Kiely Richard. (Eds.). (2018). *Exploratory Practice for continuing professional development: An innovative approach for language teachers*. London: Palgrave Macmillan.

Stewart, Alison, Croker Robert and Hanks Judith. (2014). Exploring the principles of Exploratory Practice: Quality of life or quality of learning? In Andy Barfield and Aiko Minematsu (Eds.), *Learner development working papers: Different cases: Different interests* (pp.132-148). Tokyo: JALT Learner Development SIG.

Tajino, Akira and Smith Craig. (2005). Exploratory practice and soft systems methodology. *Language Teaching Research, 9*(4), 448-469.

Tajino, Akira and Smith Craig. (2016). Beyond team teaching: An introduction to team learning in language education. In Akira Tajino, Tim Stewart and David Dalsky (Eds.), *Team teaching and team learning in the language classroom: Collaboration for innovation in ELT* (pp.11-27). Abingdon: Routledge.

*Tajino, Akira, Stewart Tim and Dalsky David. (Eds.). (2016). *Team teaching and team learning in the language classroom: Collaboration for innovation in ELT*. Abingdon: Routledge.

Tudor, Ian. (2001). *The dynamics of the language classroom*. Cambridge: Cambridge University Press.

Yates, Lyn. (2004). *What does good education research look like?* Maidenhead, UK: Open University Press.

*Yoshida, Tatsuhiro, Imai Hiroyuki, Nakata Yoshiyuki, Tajino Akira, Takeuchi Osamu and Tamai Ken (Eds.). (2009). *Researching language teaching and learning: An integration of practice and theory*. Bern: Peter Lang.

Zeichner, Kenneth M and Noffke Susan E. (2001). Practitioner Research. In V. Richardson

(Ed.), *Handbook of research on teaching* (4th ed.) (pp.298–330). Washington: American Educational Research Association.

当事者の現実を反映する研究のために
―複合性・複数性・意味・権力拡充

柳瀬陽介

　「英語の教師と学習者のためになる研究をしたい」、これこそは英語教育学を行うほとんどの研究者が抱く初心でしょう。しかし研究経歴を重ね、査読論文の出版を次々に求められる中、いつしか自分の研究が、現場教師と学習者―これら2つを合わせて以後「当事者」と呼ぶことにします―の現実から離れ始めることも少なくありません。その結果が、研究誌には掲載されても、当事者に読まれない論文です。やがて初心は静かに忘れさられるか冷笑の対象になります。

　たしかに研究と実践の乖離は永遠の課題なのかもしれません。しかし少しでも改善はできないでしょうか。この論文では、当事者のためになる研究を行うための提案をします。その骨子は、これまでの研究の前提を変えて、当事者が投げ込まれている現実に即したものにすることです。英語圏の応用言語学でも少しずつ自覚され始めている複合性・複数性・意味・権力拡充といった考え方を新たな研究の前提とすることにより、私たちは「英語授業学」という分野を開拓できるという主張をこの論文では展開します。

1　英語教育学と応用言語学のこれまで

　「英語授業学」という研究スタイルを考える際にも、当然、関連分野でこれまでどのような努力がなされていたかを検討しておく必要があります。ここでは簡単に日本の英語教育学と英語圏での応用言語学のこれまでを振り返っておきます。

1.1　日本の英語教育学―比較実験からメタ分析まで

　日本の英語教育学は 1979 年の『英語教育学研究ハンドブック』(垣田直巳編, 大修館書店) という 775 ページの大部の書籍の刊行をもってその胎動が誰の目にも否定できないものになったと言えるでしょう。オックスフォード大学出版局による学術誌 *Applied Linguistics* の創刊が 1980 年ですから、この時点でこれだけの書籍が日本でも刊行されていたのは印象的です。その後の 1980 年代の英語教育学は、ゴールドスタンダード ("gold standard") とも呼ばれる実験心理学の古典的な方法を取り入れます。学習者を実験群と対照群にランダムに振り分け、両群の学習をプリテストとポストテストで比較し、その結果が統計的に有意であるかを確認するというおなじみの比較対照実験法です。90 年代になりますと構造方程式モデリングと呼ばれる統計的分析手法も流行し量的研究化が高度化しました。2000 年代になりますとこれまで量的研究を推進する人から否定され続けてきた質的研究を求める声も強くなり、英語教育学でも質的研究の市民権が認められるようになってきました。2010 年代になりますと、多くの量的分析研究の結果をさらに分析するメタ分析や、量的研究と質的研究を使い分ける混合研究法といった用語が注目されました。比較対照実験法というゴールドスタンダードは量的研究として発展を遂げ、質的研究によって補完されつつもあるとまとめられるでしょうか。

　しかし、そもそものゴールドスタンダードが、日本の英語教育界での実験研究ではきちんと守られていないことがほとんどです。特に医療実践に関する比較対照実験研究 (治験) と比べると、ランダムサンプリング・二重盲検法・介入手段の標準化・複数の評価項目の設定などの点で英語教育学の実験研究は大きく見劣ります (柳瀬、2010)。そもそもの実験計画がずさんだとしたらそれにいくら高度な統計分析手法を適用したとしても、その結果が妥当なものとは考えにくいでしょう。

　いや、このように専門用語を並べなくとも、私としては教育学部で教えていた時にある学部生から投げかけられた問いを忘れることができません。「なぜ多くの実験研究が英語教育の成功を報告しているのに、学力低下や英語嫌いが進行しているのですか」。私はその時はその時なりに彼女に答えを

出しましたが[1]、この論文ではそれに加えての新たな答えを出すことにします。それは「これまでの英語教育学の研究の前提がそもそも適切ではなかったから」というものです。しかし、そのことを本格的に論じる前に、英語圏での応用言語学のこれまでについて簡単にまとめておくことにしましょう。

1.2　英語圏の応用言語学―ポスト・メソッドから探究的実践（EP）まで

英語圏での応用言語学（applied linguistics）の総括については、日本の英語教育学研究のまとめ以上に簡略化したものとなることをお許しいただきたいのですが、英語圏での応用言語学で話題になりながら日本語圏の英語教育学であまり注目されていない論点として、ポスト・メソッド、複雑性（複合性）、アイデンティティ、批判的研究、探究的実践などがあります。

ポスト・メソッドは、例えば Kumaravadivelu（2001）が「ポスト・メソッド教育学」という用語で主張したように、研究者が当事者に 1 つの教授法（method）を一方的に押し付けることを止め、文脈の固有性（particularity）、教師の実践性（practicality）、社会的・政治的な変革の可能性（possibility）を重視した教育学を推進する動きの総称です。また、複合性―"complexity" という概念は、この論文では「複雑性」ではなく「複合性」と呼ぶことにします[2]―は Larsen-Freeman（2008）や Ortega & Han（2017）の論考などで有名になりましたが、これも 1 つの原因（例えば教授法）が常にある一定の効果を生み出すことを否定しています。アイデンティティに関しては Norton（2000）などが積極的に提唱した概念ですが、学習者や教師―私たちの言い方でしたら当事者―は決して一律的な存在ではなく、それぞれの歴史的・文化的・社会的・経済的条件の中で独自の個性を育んでいる人間であることを強調します。批判的研究については Pennycook（2001）の *Critical Applied Linguistics* が記念碑的な作品となりそれ以降の多くの研究を英語圏で生み出していますが、言語教育という営みも実はさまざまな権力（power）に基づいた政治的なものであり、権力をめぐる政治性（politics）を隠さずに論考の対象とすることが応用言語学でも必要であることを明らかにしました。探究的実践（Exploratory Practice）は Allwright and Hanks（2008）などが提唱している概念で、その主な考えは、実践においては成果を求めるよりも、その実践には何が絡んでいる

のかを理解することの方が先であるということです。探究的実践は、持続可能な形で実践に関して問い続けることを実践者(当事者)に勧めています。

　英語圏の応用言語学におけるこれらの潮流は、日本では十分に取り上げられていないように私には思えます。日本の英語教育学では、まだゴールドスタンダードこそが研究の主流であるべきだという考えが強いのではないでしょうか(それでいて医学研究などと比べればかなり不完全な「ゴールドスタンダード」でしかないことがあまり語られていないのは少し不思議です。これは「不都合な真実」なのでしょうか)。しかしこれらの潮流が訴えかけてきていることをきちんと理解し、研究のあり方を変えてゆかないと、先ほどの学部生の素朴な疑問には答えられないままになると私は考えます。教育学者の佐藤学はかつて「研究栄えて実践滅ぶ」と言いましたが、英語授業学もこのあたりの省察を深めないと、研究者の身内だけでしか読まれず実践者には見向きもされない論文ばかり生み出すことになるかもしれません。

　私は、これらの英語圏応用言語学の変革が訴えていることは、英語教育学・応用言語学の多くは、「当事者の現実を反映していない人工空間を想定した上での研究」でしかないと総括できると思っています。上述の潮流はそういった人工空間を前提としない研究を生み出す流れです。次の節では、応用言語学以外の分野での知見も踏まえて、これまでの英語教育学・応用言語学、いやそもそものゴールドスタンダードが前提としていた4つの特徴をまとめます。

2　当事者の現実を反映していない人工空間

　従来の英語教育学や応用言語学がお手本としてきた比較対照実験というゴールドスタンダードについては、実はさまざまな分野でその限界が指摘されています。ゴールドスタンダードは、きわめて人工的な前提に基づいた空間をこの世界のあり方だとみなした上で成立する考え方に過ぎないというわけです。ここではその人工空間の前提を4つにまとめます。その4つとは、「1つの要因が実践の成否を決定する」、「人工空間は平均人を基準に設計するべきである」、「1つの指標で実践の成否を測定できる」、「実践者は科学者の指

示に従うべきである」です。

2.1 「1つの要因が実践の成否を決定する」

「AならばB」という断言は明快です。「Bという現象の原因はAである。したがってAを行えば必ずBになる」という因果関係を解明することは、あたかも科学的であることの証であることのように思われています。しかし、このように単純な因果的説明の限界を指摘する研究者もいます。たとえばセイックラとアーンキル(2016)です。彼らは、精神医学の分野でオープンダイアローグ[3]というアプローチで目覚ましい成果をあげている研究者であり実践者です。2人は社会学者のラトゥールの論を引用し、医学界を始めとした人間科学の分野における想定の特徴を描き出します。それは、「AがBを引き起こす」といった因果関係の説明こそが「強い説明」であり、「Aが観察される時には、同時にBも観察される確率が高い」といった相関関係の説明は「弱い説明」だと思われていることです。「Bが生じているときの周りの状況と前後の文脈はこのようであった」といった記述は「さらに弱い説明」にすぎないと認識されています。

　一方、行政の世界では、実践者に対して「アカウンタビリティー」(説明責任)の観点から実践の成果の「エビデンス」を求める傾向がますます強くなっています。その際の「エビデンス」は、「強い説明」である因果関係の説明が最上のものと考えられています。したがって「方策Aを施したら望ましい結果Bが生じた」という立証を行う研究を進めることが強く求められます。

　しかし現実世界では、実にさまざまな要因が複雑な影響関係で絡み合いながら事態が発生していくものです。それにもかかわらず、ゴールドスタンダードで因果関係の強い説明を見出そうとする研究では、要因を1つに絞り込んで、その他の要因(およびそれらの相互作用)は「ノイズ」として考察から外します。どんな状況でも成立する普遍的な因果関係を求めようとするあまり、それぞれの実践現場で重要な個別的要因(local factors)を研究から構造的に排除してしまうのです。

　しかし実践者的感覚からすれば、その場その場の状況を深く理解すること

が実践を成功させるために重要なことです。経験を重ねた実践者は、実践の成否を単一の要因だけに還元しません。もちろん、あまりにも多くの要因が絡んでいる時には少数の要因をとりあえず特定して、それらに優先的に働きかけます。ですが、その際も、状況に応じてそれら以外の要因にも同時に働きかけ、要因間の相互作用も重視します。実践者は、「とりあえずこれとこれに注意して実践を進めてみよう」と事態を観察し、その観察に応じて臨機応変に対応策を重ねていくものです。当然のことながら、実践者がとりあえずある１つの要因だけを変えてみることもあります。しかしその場合も、それ以降その他の要因には一切考慮しないようなことはしません。実践者は、ゴールドスタンダードだけに固執する実験研究者のように、単一要因の有無だけに注目しその他の要因をノイズとして切り捨てることはしないのです。

　ゴールドスタンダードの実験では、実験群ではある介入手段Ａを行い、対照群ではそれを行わないことだけが実践で重要なことのように語られ、その他の細かな対応はすべてノイズとして切り捨てられてしまいますが、現場で大切なのはまさにそのノイズの部分の中に大切な情報を見出し、それをうまく活用することなのです。

　これまで「実践者」という用語で、医者や教師が何をするかばかりを問題にしてきましたが、ここから話を簡単にするために教育の例に絞って考えていきましょう。授業経験をある程度積んだものなら誰もが熟知していることは、授業の成否には学習者の働きかけが不可欠であることです—というよりも授業の最大の主体は学習者です。他のクラスでうまくいった教え方をやってもうまくいかない場合、経験豊かな教師はそのクラスでの学習者の反応をうまくとらえ、それに即した対応を行い、うまく学習者の行動を引き出します。その学習者行動が他の学習者に影響を与えたりして、クラス全体がいい感じで１つの生き物のように動き始める状態をもたらすのが熟練教師の技であり、教室の生態です。教育の主役はあくまでも学習者です。

　実践を教師の立場だけから考えること、ましてや教師が取るある１つの教育手段の観点だけで考えることは、教室の現実を無視した単純すぎる思考図式です。そのような枠組みでしか物事を捉えていなければ、教育実践の奥深

さはわかりません。教育実践について語るなら、教師だけでなく学習者についても実践の当事者として観察・考察の対象とする必要があります。ですからこの論文でも当事者という用語を使っています。

　改めて定義するなら、当事者とは「ある事に関して関わっている人すべて」のことです。もちろんその関わり方の種類や程度はさまざまに異なります。ですから当事者とは一律的に定義できる存在ではありません。でもこのような緩い定義で考える方が実践には有効です（教室でしたら、教科担当教師と学習者だけではなく、その学級の担任や学年主任、あるいは学習者の先輩や保護者なども当事者となりえます）。

　ゴールドスタンダードは、因果関係の立証という点では優れているでしょうが、現場にとってはそのような立証で解明された因果関係よりも大切なことがたくさんあります。実践者にとってむしろありがたいのは、「弱い説明」とされる相関関係の解明や、それよりも「もっと弱い説明」とされる記述の方です。「Bが起こる時に気がつくことがいくつかある」といった共起的な相関事象の指摘や、「Bの前後に実はこんなことやあんなことがあって…」といった具体的なエピソード記述の方を実践者は好みます。その方が現象に対する洞察が深まるからです。すべての当事者の様子をできるだけ細やかに知り、それを総合的に考えるのが実践者のやり方です。「総合的に考える」なんて、「強い説明」を好む研究者や行政官には承服し難い曖昧な思考法かもしれませんが、それが実践に向かう思考の実態です。

　上越教育大学の西川純先生は、教科や校種の枠を乗り越えて『学び合い』（「にじゅうかっこのまなびあい」）で教育実践の改善を図っている研究者であり教師教育者ですが、その西川先生も、単純な因果図式では論文は書けても教育改善はできないことを明確に指摘しています。西川先生は、もともと理学部で生物物理学のトレーニングを受けた人でした。その自然科学の素養を踏まえた上で大学院の教育学研究科に転入した西川先生は、自然科学の論文の書き方を教育学の論文に導入し、修士論文は2つの学会誌に掲載され、理科教育ではもっとも伝統的なアメリカの学術誌にも論文が採択されるほどの活躍をしました。しかしその後に定時制高校で働いてみると、大学・大学院で学んだことは、「学ぼう」という構えのある子には有効であっても、そう

でない子にはまったく使えないことがわかります。その後、西川先生は大学に職を得て、再び研究の世界に戻るのですが、その際の心情をこう綴っています。

> とにかく論文を書きまくらなければなりません。論文を書くには物事をシンプルに考えねばなりません。現実の教育はゴチャゴチャしすぎています。それに寄り添えば論文は書けません。そこで、私は教育研究者であるのに、教師の心さえも封印してしまったのです。いや、教育研究者であるからこそ、教師の心を封印したのです。(西川 2018: 25)

西川先生が骨身にしみてわかったのは、研究論文を書く研究者としての心構えと、現場のさまざまな現実を受け入れた上でどの子にも学習を成立させる教師の心がまったく違うということでした。「1 つの要因が実践の成否を決定する」という前提に基づいた比較対照実験(ゴールドスタンダード)の世界観は、あまりに単純すぎて当事者の役には立たないということです。

もちろん「現実そのもの」の総体を誰も捉えることができない以上、研究にはある程度の単純化が必要です。どのような研究であれ、ある程度の人工空間をモデルとして想定して、その枠組で現実を捉えることは避けることができません。しかしそれにしても 1 つの要因の有無だけに実践の成否を還元してしまう「強い説明」ばかりでは、当事者を納得させることはできません。これまで人間科学で推奨されてきたゴールドスタンダードにもこのような構造的な限界があることを私たちは十分に理解しておかなければなりません。

2.2 「人工空間は平均人を基準に設計するべきである」

ゴールドスタンダードが前提としている人工空間の第 2 の前提は、教室などの人工空間は人々の平均を基に設計されるべきだというものです。これは現代では当たり前の考え方となってしまっているので、読者のみなさんもこの前提のどこがおかしいのかと疑問に思うかもしれません。実際、この前提はこれまでそれなりに有効でしたし、有害無益というわけではありません。

しかしこの前提を基に人工空間を設計・運営していくことには無理がある
ことが次第に明らかになってきました。そのあたりの経緯をローズ（2017）の
『ハーバードの個性学入門：平均思考は捨てなさい』に即して、簡単に説明
することにしましょう。

　ローズは、現在の私たちの常識を形成するのに大きな役割を果たした4名
として、19世紀のケトレーとゴルトン、20世紀のテイラーとソーンダイク
の4名を取り上げます。

　まずは19世紀の話から始めましょう。当時は産業革命による社会の変化
が誰の目にも明らかになってきました。17世紀以来の科学の進展により蒸
気機関はもとより、電力にも実用化の兆しが見え始めていました。そのよう
に目覚ましい科学の発展の一方で、人間に関する学問の発達は遅々としたも
のでした。そのような中で、ベルギーの数学者であり天文学者であったアド
ルフ・ケトレー（1796-1874）は「社会物理学」を構想します。物理学の方法
を人間社会の観察に適用すれば、人間科学も発展するに違いないと考えたの
です。実際、彼の構想は後年の社会科学に強い影響を与えました。

　自然科学においては「真の値」をできるだけ正しく推定することが重要で
す。天文学でたとえば惑星についての何らかの事象を観測する場合は、その
事象を何度も観測します。観測値は実はその度毎に少しずつ違うのですが、
それらの値を平均すれば「真の値」に限りなく近い値が得られると科学者は
考えます。

　ケトレーはこの考え方を人間に適用しましたが、その際に彼は微妙なよう
でいて決定的な違いを導入しました。人間の場合は、同一の人間について何
度も観測して平均を出すのではなく、多くの人間を一度に観測してその平均
を出すようにしたのです。これは彼の関心が1人の人間ではなく社会であっ
たから当然といえば当然の考え方なのかもしれません。しかしこの方法の導
入によって、図らずも彼は「社会は平均人から構成されると考えてよい」と
いう隠れた仮定も導入したことになります。

　「平均人」（the Average Man）とは、すべての特徴において、多くの人の値
の合計から出された平均値をもつ想像上の存在です。多くの人の観測値の平
均値を出すという方法は社会科学の常套手段となりましたが、その結果、社

会科学の知見を参考にして設計された人工空間(例えば工場や学校)は、平均人を前提とし平均人のために作られたものとなりました。実際の人間の各種の値は、平均人の値とは異なりますが、それらの差は「誤差」だとケトレーはみなしました。

　このケトラーの発想は、イギリスのフランシス・ゴルトン(1822-1911)によってさらに捻りを加えられます。裕福な銀行家の父のもとに生まれ、医学と数学を学んだゴルトンは学者として優秀で、「平均への回帰」や「相関係数」について提唱するなどの功績で「近代統計学の父」とも呼ばれています。彼はいとこのチャールズ・ダーウィンが出版した『種の起源』に刺激を受け、遺伝について統計学的な方法で解明をしようと試みますが、その中で、彼は当時の「常識」であった階級意識から自由になることができなかったのか、上層階級はすべての面でそれより下層の階級の人間より優れていると思い込んでいたようです。ゴルトンは、平均値との差は誤差ではなく優劣を示すと考え、さらに、ある点での優劣は他のすべての点での優劣をも示すと考えました(彼は『優生学の父』としても知られています)。

　ゴルトンは、「平均値より上の値を示す者は優れた者であり、その者は他の点においても他の者より優れているに違いない」という仮定を導入したのです。この仮定はもちろん、「平均値より下の値を示す者は劣ったものであり、その者は他の点においても劣っているに違いない」とも想定します。このゴルトンの発想により、「人々は、おしなべて低い能力をもつ者から総じて高い能力を有する者へと集団的に区分できる」という考え方が社会科学・行動科学に浸透するにいたりました。人々を(いやな言い方ですが)「エリート」から「落ちこぼれ」までランク付けして、そのランクをほとんど不変のものと思い込む発想が私たちの「常識」となったのです。

　このように19世紀のケトレーの発想はゴルトンを経て20世紀の社会的現実となりましたが、こうなったのも、ケトレーやゴルトン的な発想によって工場や会社や学校といった人工空間が設計・管理・運営されるようになったからです。その際に重要な役割を果たしたのがアメリカのフレデリック・テイラー(1856-1915)です。彼の一連の著作が20世紀の産業界のあり方を大きく定めることとなりました。

　テイラーは、ビジネスを始める場合は、平均人に合わせて設計されたシステムを確立し、個々の労働者をそのシステムに合うようにすることが肝心だと考えました。彼は平均人に基づいて標準化されたやり方 (the standardized way) こそが唯一最善の方法であると固く信じていました。彼は、標準的な仕事の計画や管理や意思決定は、労働者に任せるのではなく、専門の計画者に任せるべきだと考えました。テイラーはその計画者を当時は新しかった管理職 (manager) という名前で呼びました。現在、自らは手を動かさずに計画や管理などに専念する管理職という職種は当たり前のものになっていますが、19世紀の感覚ではそういった自ら体を動かさない人間というものは非常に奇異でした。しかしこの管理職という職種概念をテイラーは普及させたのです。農業社会から工業社会への大規模な転換が進行中であった20世紀初頭においては、大規模な工場の建設と管理運営が社会的課題でした。テイラーは工場を、旧来の工房のように個々の職人がそれぞれのやり方を貫く空間ではなく、平均人が標準的方法で一様に働き、専門家がそれを管理運営する空間にしました。その考え方は工場による大量生産に適しており、テイラーは「科学的管理法の父」と呼ばれ、20世紀の産業社会のあり方にもっとも大きな影響を与えた人間の1人となりました。

　産業界におけるそのようなテイラーの考え方はやがて教育界にも影響を与えます。テイラーに傾倒したテイラー主義者たちは、教育の主目的は子どもを産業界の課題を完璧にこなす労働者にすることだと考え、そのためには教育システムのすべてを科学的管理法に忠実に設計し直さなければならないと考えました。すべてを平均に即して標準化することが学校の中核思想となったのです。学習者は年齢集団によって分けられました。個々の学習者の能力や興味や適正などによって学びの形態をそれぞれに合わせるという発想は退けられました（ちなみに日本の前近代的な寺子屋でしたら、子どもは1箇所に集められても学習は個別になされていました（辻本、2012））。テイラー主義による近代的学校の学習者集団は一斉に同じ授業を受けるわけですが、どの授業も標準化された同じ時間です。工場のベルを真似た始業のベルも導入されましたが、これは子どもに将来の仕事に対して心の準備をさせることが目的であったそうです。

　そのようなテイラーの発想は、エドワード・ソーンダイク (1874-1949) に
よってさらなる捻りが加えられます。後年「教育評価の父」とも呼ばれた
ソーンダイクは、テイラー主義の発想を一歩進め、「平均からの差によって
学習者の優劣を定める」という考え方を教育評価の根本に据えました。

　ソーンダイクは、学校教育の主要な目的の 1 つは人材の選抜であり、平均
より優れた(そしてゴルトン的発想によれば、あらゆる面で優れている)未来
の管理職となるエリートを教育測定によって選抜し、その者たちにより多く
の教育資源を投入することが社会のあるべき姿だと考えました。これは同時
に、教育測定で平均並あるいは平均以下と判定された者には多くの教育資源
を投入しないということです。これほど単刀直入に表現すると抵抗を示す方
も多いかもしれませんが、この選別の発想が現代日本の「常識」となってい
ることは疑いありません。

　これらケトレー、ゴルトン、テイラー、ソーンダイクという私たちの「常
識」を形作った 4 人の特徴をまとめたのが下の表です。

表 3　平均主義を形作った 4 名

	平均主義からの類型論: 人間の標準は平均によって定められる	平均主義からの階層論: 人間の優劣は平均からの距離で定められる
平均主義の 原型 (19 世紀)	アドルフ・ケトレー (1796-1874) (社会的物理学を志向)	フランシス・ゴルトン (1822-1911) (優生学・近代統計学の父)
	平均は人間についての真の値を示す。物理学は同じ対象の測定から平均を出すが、社会科学は多くの人間の測定から平均を出す。	優れた人間はどの領域でも優れ、劣った人間はどの領域でも劣る。人間は能力によって高い者から低い者へと集団的に区分できる。これが階層の基盤となる。
平均主義の 普及 (20 世紀)	フレデリック・テイラー (1856-1915) (科学的管理法の父)	エドワード・ソーンダイク (1874-1949) (教育評価の父)
	産業界のシステムにとっての唯一最善の方法は、管理者が平均人に基づいて標準化した仕事のやり方を設計しそのシステムで労働者を管理すること。個々の労働者はその標準的やり方に合わせなければならない。	教育界にとって正しいことは、産業界のやり方を踏襲し、専門家が平均人に基づいて標準化したカリキュラム・評価制度を設計しそれを採択すること。学校は若者を平均化された能力で選別することでもっとも効率的に運営される。

　こうして私たちの「常識」ができあがりました。学校制度は平均人を基準に設計するべきであり、一斉授業で誰もが同じ内容を同じペースで学習し、教師も誰もが標準的方法で教えることが大原則になりました。

　このようにまとめてみると、実験研究のゴールドスタンダードも、19–20世紀の平均人の考え方に即していることがわかります。たとえば教授法Aを行う実験群とそれを行わない対照群を設けますが、その差は両群の平均で測ります。どちらのグループにもいろいろなタイプの学習者がいて、それぞれの学習は個性的な学びの軌跡をたどったはずですが、それらの個人差や学習の変遷はすべて「ノイズ」として扱います。すべての測定値を足して割った平均値こそが教授法に関する結論となります。その結論は学会や行政機関によって権威付けられ、すべての教師・学習者が従うべき規範となり、時に強制力さえもちます。「この教授法でうまくゆかなければ教師が悪い」と言わんばかりです。しかしどの教師も学習者も平均人ではありません。またどの学校も地域もまったく平均的であるわけではありません。私たちはもっと個性の違いを大切に考えるべきではないでしょうか。

2.3　「1つの指標で実践の成否を測定できる」

　学校や教室を平均人によって構成される空間とみなした平均主義の考え方は、さらに極まるとA組とB組というさまざまな学習者の集まりの差も、1種類の平均点を示すだけで十分に表現できるという考え方につながっていきます。このような考え方は実験研究のゴールドスタンダードにも反映され、1つの指標だけで英語教育の成否を判断する研究も多く存在します。教育内容も教育評価もすべて特定の民間英語試験の得点と紐付けられている大学すら少なくありません。

　1つの数値で事足りるという考え方は、日本における CEFR（The Common European Framework of Reference for Languages）の歪曲化にもみられます。CEFR は皆さんご存知のように A1 から C2 までの6段階を設定しています。日本では複数の民間試験の得点・段階をこの6つの段階に当てはめようとしていますが―これがいかに非科学的で乱暴なことかについては阿部（2017）や南風原（2018）をご参照ください―、そもそも CEFR はこのように使われ

るために作られたわけではありません。CEFR の大切な考えの 1 つは、一人ひとりの学習者の個性を認め、誰もがあらゆる面で目標言語の母語話者並の言語力を身につけなければならないという規範意識から私たちを解放することです。そのため 2001 年に公開された CEFR は―2018 年に公開された補遺版[4]についてはここでは割愛します―リスニング・リーディング・スピーキング（やり取り）・スピーキング（発表）・ライティング（Listening, Reading, Speaking Interaction, Speaking Production, Writing）の 5 技能をさらに、私生活・公共生活・職業・学術（Personal, Public, Occupational, Educational）の 4 つの領域に分けるなど、言語力を一元化して考えないようにしています。それぞれの学習者の能力は技能や領域によって大きく異なりえます。興味や適性もそうです。5 技能・4 領域の区分はそういった個性を尊重するために重要です。しかしこれを一元化してしまうと、あらゆる言語学習者は初級者（A1）から上級者（C2）までの一直線（6 段階の順序尺度）に並べられるだけです。これは強引な単純化ではないでしょうか。

　たとえば下の図を見てください。2001 年版での CEFR の 5 技能と 4 領域を行列の形で整理して、それぞれにおける能力の点数を 5 点満点で表現したものです。最初の A さんを見ましょう。

$$\begin{array}{c c c c c}
 & \text{Per} & \text{Pub} & \text{O} & \text{E} \\
\text{L} & 1 & 3 & 1 & 3 \\
\text{R} & 5 & 5 & 5 & 5 \\
\text{SI} & 1 & 2 & 1 & 2 \\
\text{SP} & 2 & 3 & 2 & 3 \\
\text{W} & 2 & 3 & 2 & 3
\end{array}$$

図 7　ある学習者 A さんの語学力

　行列の見方さえわかれば、A さんの特徴がわかってきます。どうやら A さんは読むことが好きで、しかも主に学術的・公的目的のために言語学習を行っているようです。私的な場面での会話などにはあまり興味をもっていないようです。

　それでは次の B さんはどうでしょうか。B さんは A さんとはかなり違った言語学習をしているようです。B さんは聞くことと話すこと、特に会話で

やり取りをすることが好きなようです。とはいえ、やや固い話を一人でまとめて話をすることはあまり得意ではなく、読み書きにはほとんど興味がなさそうです。

	Per	Pub	O	E
L	5	5	4	4
R	2	2	1	1
SI	4	4	3	3
SP	4	3	2	2
W	2	1	1	1

図8　別の学習者Bさんの語学力

　このように大きく言語学習における違いをもつ2人ですが、1つの指標（合計点）だけで2人をみたらどうなるでしょうか。実は計算したら、2人の合計点は同じ55点です。1つの指標（平均点）だけでみたら2人はまったく同じ語学力をもっていることになります。

　本来ならせめて行列的な m × n 次元で表現されるべき英語力を1つの点数だけで表すことは、データを管理する者からすれば便利極まりないことですが、それはもともとの現実を過度に単純化・歪曲化してしまうことを忘れてはいけません[5]。1つの指標だけで、実践などの複合的な対象について結論を下すことは実は乱暴なことだということはわかっていただけたでしょうか。

2.4　「実践者は科学者の指示に従うべきである」

　最後に、ゴールドスタンダードに由来する4つ目の前提について検討します。これまでの英語教育研究は「実践者は科学者の指示に従うべき」ということを「常識」だとしてきました。なぜならゴールドスタンダードに基づく研究は客観的な真理であるという自然科学的な前提をそのまま踏襲してきたからです。しかし、私たちのこれまでの論考で、英語教育研究、特に私たちが目指す英語授業研究が対象としている現象は、1つの要因が実践の成否を決定する単純なものでなく、1種類の人間（平均人）から構成されるものでも

なく、さらには1つの指標でその成果が判定されるものでもないことが明らかになってきました。これらの考察から、英語教育研究の成果について厳密な客観性を期待するのは間違いではないかと思い始めた皆さんも多いかと思います。この節ではその疑念が正しいことを裏付けるため、「客観性」という概念を検討します。

　客観性の基盤となる「客観的」ということばについては「(1) 主観または主体を離れて独立に存在するさま、(2) 特定の立場にとらわれず、物事を見たり考えたりするさま」(『大辞泉』)という2つが一般的な定義とされています。この2つの定義のうち、ゴールドスタンダード系の英語教育研究者が想定しているのは (1) の方であり、私たちがこの論考で確認してきたような考え方をもつ研究者—私はそういった研究者こそ英語授業学の担い手となるべきだと考えています—が想定している客観性は (2) の定義の方です。ここではそれらを「一元的客観性」と「多元的客観性」と命名した上でそれぞれを説明します。

　一元的客観性とは、研究者の主観性または主体性を離れて独立に存在しているある唯一絶対的な認識に基づいているという意味です。「唯一絶対的な認識」という考え方は、唯一神を信じるキリスト教に深い影響を受けた西洋で大切にされてきました。17世紀以降、急速な科学の発展で世界のあり方を一変させた人間は、科学的な観察・実験を(数学から得た概念である)無限の回数ほど適用すれば、人間も神のように真理に到達できるはずだという信念を抱き始めました(フッサール、1995)。当時力を失い始めていた神の知を科学の知という形で再生させたわけです。科学知についてそこまでの信念を明確にもたない人にしても、「さらなる実証研究が必要とされる」という実証論文末尾の常套句で、科学の進歩に対する素朴な信頼を表明しているとい言えるかもしれません。

　しかし後に「コペルニクス的転換」と呼ばれるようになった思考でカントが示したことは、科学も人間という特定生物の営みの1つであり、明らかな限界を有するということです。無限回繰り返された科学の観察・実験による科学知とは、神の知と同じように、どの時点からもどの場所からもどの観察者・実験者からも独立した「超越的客観性」をもつとも言える知ですが、そ

のような知を人間が得ることはできません。

　しかし超越的客観性は、別の形をとって命脈を保っています。その形態をここでは「数直線的客観性」と呼ぶことにしましょう。数直線的客観性は、私たち資本主義的生産社会に生きる人間が命の次に大切にしている貨幣（お金）によって強烈な実在感を獲得している虚構です。貨幣はマルクスの『資本論』が明証したように、あらゆる商品の質を捨象し、すべての商品を貨幣量（価格）という一本の数直線上に配置するという離れ業を日常的に行っています。私たちはさまざまな品やサービスに囲まれて暮らしていますが、いったんそれが商品として扱われると「要は〇〇円ですね」となり、他の商品と一次元的に比較されるだけになっています（このあたりの詳しい議論については柳瀬（2014）をお読みください）。生活者として私たちはこのように露骨な比較を嫌いますが、貨幣は資本主義的生産社会を動かしていくには極めて便利な手段です。あらゆる企業の活動は、貨幣で黒字か赤字かという二値的コードに還元できます。また同じ黒字でも売上高（あるいは総資産利益率などの各種指標）でその価値が一直線上に比較されます。

　ビジネスに携わる人々にとって、こういった数直線的客観性に基づく発想（「数値で表わせ！」）はあらゆる営みの前提となっています。昨今は、産業界の考え方で教育界の営みを評価することがほぼ無批判的に奨励されていますから、教育の成果も学力テストの得点などの数値で「客観的」に測定されるべしという思潮が抗しがたいものにすらなっています。

　しかし客観性は、超越的客観性や数直線的客観性などに代表される一元的客観性だけではありません。辞書的定義の2番目であった「特定の立場にとらわれず、物事を見たり考えたりするさま」を思い出しましょう。1つの立場だけからではなく、複数の立場（あるいは観点）から同じ現象を観察することも「客観的」な態度です。ここではそういった客観性のことを「多元的客観性」と呼ぶことにしましょう。

　多元的客観性は実は私たちが頻繁に行っていることです。ある組織で新人を採用するとしましょう。大切な仕事を任せる職のための採用でしたら、1つの指標だけ決めることはないでしょう。まともな組織なら、出身大学の偏差値や英語認定試験の点数などの1つの指標で最高点をもっている人を自動

的に採用することなどしません。仮に一次選抜でそれらの点数を使ったとしても、それ以降の選抜では複数の人がさまざまな角度から質問を投げかける面接を行います。その面接も人事課による一次面接、役職者による二次面接などと複数行われます。1人ではなく複数の面接者が、1種類でなく多様な質問を行う面接を、1つではなく複数の組織階層で行うことが多元的な意味で人を客観的に評価することです。ある社員が「そんな方法は客観的でも科学的でもない。客観テストの点数だけで決めるのが公正な採用だ！」などと言えば、周りからは「仕事のできない奴」とみなされるだけでしょう[6]。

このように一元的客観性は簡単に想定するべきではないことがわかった以上、実践者は研究者の指示に従うべきだなどとは安直に言えないことがわかるでしょう。客観性は多元的であるべきです。

以上、これまでの英語教育学の4つの前提の限界を明らかにしてきました。続く最終節では、これらの限界を4つの理論的用語でまとめて、今後の研究のあり方について理論的な整理をすることにします。

3　複合性・複数性・意味・権力拡充からの授業研究

前の節で、これまでの英語教育学が前提としていた4つの考え方には問題が多く、それらを前提とする人工空間を教室とみなすならば、当事者の現実を反映する研究はできないことを説明してきました。実は、これら4つの考え方は、4つの重要な専門的概念を否定することで導き出したものです。ですが、これまでの記述ではあえてその概念の名前を出さずに説明を続けました。下手に概念を導入すると、説明がどうしても理屈先行の難解なものになってしまうからです。しかし、この最後の節ではそれらの概念名を示して、実践的な研究における哲学的概念の重要さを訴えておくことにします。

最初の考え方である「1つの要因が実践の成否を決定する」というのは複合性（complexity/Komplexität）の概念を無視することから生じてきます。複合性は英語圏の応用言語学ではもうすっかり馴染みのある概念となっていることは第1節でも述べた通りですし、どれか1つの教授法に救いを求めないポスト・メソッド教授法も複合性からの帰結であるということは今なら納得し

ていただけるかと思います。私はこの複合性の考え方を理論社会学者のルーマンの説明から理解しています。彼の複合性の説明は、物理世界の複合性だけを対象とする自然科学の複合性の説明と異なり、複合的な物理世界に面して人間が生じさせる意味世界の複合性も対象としているので、応用言語学ではルーマンのような社会科学的な複合性理解が重要だと考えています。ですが英語圏の応用言語学ではまだルーマンの重要性はあまり認められていないようです（Larsen-Freeman, 2017）。ルーマンは、コミュニケーションを最重要概念として社会を考えた20世紀後半のもっとも重要な理論社会学者の1人ですから、彼の理論からはこれからも多くの指針が英語教育研究に対して与えられるものと私は信じています。

　2つ目の「人工空間は平均人を基準に設計するべきである」というのは、哲学者アレント（2015）の複数性（plurality/Pluralität）を否定している考え方です。アレントは全体主義社会や資本主義社会について根源的な考察を加えた哲学者であり、異なる考え方をする人間が共生するという意味での複数性が、人間が人間らしくあるための根本条件の1つだと主張しました（ユダヤ人アレントがドイツで経験したのは、ヒトラー総統と同じ考え方を強要される全体主義社会でした）。彼女の批判はローズの平均主義批判や後に紹介するオルタナティブ教育の考え方にも深く通底しています。私はかつてアレント哲学を英語教師としての田尻悟郎先生（現在、関西大学教授）の実践を読み解く時に使いましたが（柳瀬、2005）、アレントの哲学は深いレベルで人間社会を洞察しているだけに、英語授業学でもまだ多くの洞察を得ることができると思います。

　3番目の「1つの指標で実践の成否を測定できる」という考え方、言い換えるなら教育実践の意味をテスト得点に還元してしまう考え方は、**意味**（meaning/Sinn）の意味を非常に限定的に捉えることにより生まれてしまう考え方です。こういった意味理論（theory of meaning）―言語学内の意味論[7]（semantics）よりも大きな範囲で意味を考える学問―が英語圏の応用言語学で話題になっているということは寡聞にして知りませんが、意味の問題は人工知能研究が発展し、機械を人間の感じている意味にうまく対応させる課題が浮かび上がるにつれ学問的にも重要なものになっています。私はこれまで柳

瀬（2017）でルーマンとアレントの意味理論に基づく意味理論の素描を行い、柳瀬（2018b）では物語論の観点から意味についての考察も加えましたが、本稿ではその一部をわかりやすく解説しました。なお意味理論については神経科学・神経哲学からの考察もありますが（柳瀬、2018a）、今回はその観点からの議論はページ数の関係もあり導入しませんでした。しかし意味というのは言うまでもなく言語教育の中心的なトピックですので、私たちにとって意味理論を研究することは今後ますます重要になってくると思います。

　4つ目の「実践者は科学者の指示に従うべきである」というのは、**権力拡充**（Empowerment）を抑圧することによって生まれる考えです。権力拡充とは、近代社会がすべての人間が有すると宣言した権利・権力を、これまで抑圧されがちであった人々が取り戻すことです。現代社会の多くの国家がその権威を認めている世界人権宣言第1条は「すべての人間は、生れながらにして自由であり、かつ、尊厳と権利とについて平等である。人間は、理性と良心とを授けられており、互いに同胞の精神をもって行動しなければならない」と宣言しています。日本国憲法の第13条も個人の尊重を宣言していますし、教育基本法前文も「個人の尊厳を重んじ、真理と正義を希求し、公共の精神を尊び、豊かな人間性と創造性を備えた人間の育成を期するとともに、伝統を継承し、新しい文化の創造を目指す教育を推進す」と定めています。公教育に携わる者はこれらの条文を空疎な建前と考えず、この理想を追求する義務を負います。どのような学習者も、どのような教師も、同等の権利を有する個人として尊重されなければなりません。私たちがその限界を指摘したゴールドスタンダードを権威として、個々の学習者・教師が何を考え感じているかということを抑圧することは政治的にも研究的にも好ましいこととは言えません。

　このように複合性・複数性・意味・権力拡充といった基礎概念を疎かにしない教育は、絵空事ではありません。20世紀前半から続くモンテッソーリ教育、イエナ・プラン教育、ドルトン・プラン教育、シュタイナー教育などのいわゆるオルタナティブ教育が、それらの命脈を保ち続けるだけでなく、世界や日本の各地で着々と新しい実践を生み出し広がっていることは、Wagner and Dintersmith（2016）、リヒテルズ・苫野（2016）、レズニック・村

井・阿部・伊藤・ロビンソン（2018）、苫野（2019）、ヤング吉原・木島（2019）などが報告している通りです。一部の日本の地方自治体の教育関係者は今や大半の英語教育学者よりもはるかに柔軟な発想で教育を進めています。また、精神医療の「当事者研究」は当事者の力の獲得を重んずる優れた実践であり、そこから英語教育・英語教師教育が学ぶことは多いと考えられます（樫葉・中川・柳瀬、2018；中川・樫葉・柳瀬、2019；Yanase, 2020）。

　微力ながら私も、某地方自治体の教育センターで3年間ほど教員研修のスーパーバイザーを努め、その際には指導主事の理解と協力と共に複合性・複数性・意味・権力拡充などの基本的概念に忠実な研修を行い、参加者・関係者からも「これまでにない研修」として高い評価を受けてきました（諸般の事情でこの実践をきちんとした形ではまだ報告できていません）。また、この論考を執筆している年度初めから、私は大学一般教育の現場に赴任し英語授業を担当する1人の実践者となりました。以前の職場は教育学部でしたので、「指導助言」という形で小中高の先生方にコメントをする機会も多くもちましたが、自ら言語化・理論化した知見を実践してみたいという気持ちが強くなり、今は英語ライティングの授業を毎週教えています。前職よりも労働時間は増えましたが、毎日の実践が自らの研究対象となり、仕事は充実しています（毎日の省察をゆっくりとまとめて考える時間がなかなか取れないのが玉に瑕ですが）。私自身の実践でも当然、授業の複合性、学生の複数性、学びの意味の豊かさ、学生の権力拡充を重視しています。独自に行った匿名アンケートを見る限り学生さんにはそれなりに評価してもらっているようですが、自分の実践は、この論考で示した考えに基づいた実践者研究（practitioner research）として論文化していく予定です。私は「英語授業学」について理論的に語るだけでなく、自らその論考を生み出していくつもりです。

　本論で説明した研究スタイルは、これまでのゴールドスタンダードの限界を踏まえた上で生み出されるものであり、従来私たちが親しんできた比較実験研究などとは大きく異なります。違いは形式の上だけでなく、根本的発想にあります。英語教育に関する基本的な考え方を変えた時に、新しい地平が見えてきます。この論考を通じて読者のみなさんが新しい視野を得ることを

願っています。

注

1　この学部生からの問いと、それに対する私の答えは、私のブログに掲載しています。https://yanaseyosuke.blogspot.com/2012/03/blog-post_22.html

2　"complexity" を「複雑性」ではなく「複合性」と訳すのは、「複雑性」と訳してしまうと、"complexity" と "complicatedness" の違いを日本語で表現しにくくなるからです。"complexity" とは後に説明しますように、あるシステムにおいて多くの要因が複合的に絡み合っているためそのシステムが未来にどのようになるか正確には予測できない状態です。これに対して "complicatedness" とは多くの要素があるので一見とても複雑に見えますが、要素間の関係性が低いのでシステムの未来は比較的予想しやすい状態です。このような意味の違いをできるだけ忠実に訳し分けるため、この論文では多くのルーマン研究者に倣って "complexity" を「複合性」と訳しています(理論社会学者のルーマンについては後で説明します)。

3　オープンダイアローグとは、当事者が一堂に会して語り合いをする中で事態の改善を図る精神療法で、従来の投薬中心のアプローチとは大きく異なります。

4　2018 年に公開された CEFR の補遺版 (Companion Volume) では、言語コミュニケーション活動は、Reception (理解・わかる)、Production (産出・生み出す)、Interaction (相互作用・やりとり)、Mediation (媒介・つなぐ) の 4 種類に大別され、それらの下に合計 11 の下位項目があるなど、さまざまな改訂がなされていますが、ここでは議論のわかりやすさを優先して、日本でも比較的浸透している 2001 年版の枠組みで考えています。

5　先ほど実践者が「総合的に考える」ことについて述べましたが、例えば 30 行 × 10 列の行列を考えてください。実践者があることを判断する際に、30 ぐらいの観点に注目し、それぞれの観点で 10 段階程度の優劣の度合いで判断していることは珍しくありません(もっとも実践者がそれを明示的に把握しているかどうかは別ですが)。30 × 10 の行列はその判断をモデル化したものです。実践者は複数の対象について判断をしますが、その判断はそれぞれ異なる 30 × 10 の行列で表現できます。それらの判断の違いは、実践者の直感にとっては明瞭なものですが、分析的な頭で行列を比較しようとすると目が回ってしまうでしょう(さきほどの 5 × 4 の行列ですら目がチラチラした人もいらっしゃるはずです)。「総合的判断」というのは決して摩訶不思議な判断で

はありません。ただ、明示的に表現しようとすると私たちの意識やワーキングメモリ
の限界を越えてしまうので、私たちは直感的にその結果だけを述べているだけです。

6　実は多元的客観性の説明はこれだけでは不十分で、本来でしたら「二次観察」に
ついて解説するつもりでした。しかしページ数の関係でそれは割愛せざるをえません
でしたので、その解説は https://yanase-yosuke.blogspot.com/2019/07/blog-post.html を
ご参照ください。

7　私は "semantics" という用語は「意味論」ではなく「意味素論」とでも訳される
べきだと考えています。いわゆる「意味」を解明するには少なくとも semantics と
pragmatics の両方が必要であるのに、前者にだけ「意味論」という名前を与え、後者
は「語用論」という訳語しか与えないのは誤解を招くと考えるからです。

参考文献

阿部公彦 (2017)『史上最悪の英語政策』ひつじ書房

アレント，H. (著)　森一郎 (訳) (2015)『活動的生』みすず書房

垣田直巳 (編) (1979)『英語教育学研究ハンドブック』大修館書店

樫葉みつ子・中川篤・柳瀬陽介 (2018)「卒業直前の英語科教員志望学生の当事者研究」
　　　『中国地区英語教育学会』48: pp.95–105. doi.org/10.18983/casele.48.0_95

セイックラ，J.・アーンキル，T. (著) 高木俊介・岡田愛 (訳) (2016)『オープンダイアロー
　　　グ』日本評論社

辻本雅史 (2012)『「学び」の復権―模倣と習熟』岩波書店

苫野一徳 (2019)『「学校」をつくり直す』河出書房新社

中川篤・樫葉みつ子・柳瀬陽介 (2019)「当事者研究が拓く、弱さを語るコミュニケー
　　　ション」*Annual Review of English Language Education in Japan* 30: pp.271–286.

西川純 (2018)『学び合う教室』『学び合い』出版

南風原朝和 (編) (2018)『検証　迷走する英語入試』岩波書店

フッサール，E. 著　細谷恒夫・木田元訳 (1995)『ヨーロッパ諸学の危機と超越論的現
　　　象学』中央公論社

柳瀬陽介 (2005)「アレント『人間の条件』による田尻悟郎・公立中学校スピーチ実
　　　践の分析」『中国地区英語教育学会研究紀要』35: pp.167–176. doi.org/10.18983/
　　　casele.35.0_167.

柳瀬陽介 (2010)「英語教育実践支援のためのエビデンスとナラティブ：EBM と NBM
　　　からの考察」『中国地区英語教育学会研究紀要』40: pp.11–20. doi.org/10.18983/
　　　casele.40.0_11

柳瀬陽介 (2014)「学習者と教師が主体性を取り戻すために」『英語教師は楽しい』(pp.

127–140) ひつじ書房

柳瀬陽介 (2017)「意味、複合性、そして応用言語学」『明海大学大学院応用言語学研究科紀要　応用言語学研究』19: pp.7–17.

柳瀬陽介 (2018a)「意識の統合情報理論からの基礎的意味理論」『中国地区英語教育学会研究紀要』48: pp.53–62. doi.org/10.18983/casele.48.0_53

柳瀬陽介 (2018b)「なぜ物語は実践研究にとって重要なのか」『言語文化教育研究』16: pp.12–32. doi.org/10.14960/gbkkg.16.12

ヤング吉原麻里子・木島里江 (2019)『世界を変える STEAM 人材』朝日新聞出版

リヒテルズ直子・苫野一徳 (2016)『公教育をイチから考えよう』日本評論社

レズニック，M.・村井裕美子・阿部和博・伊藤穰一・ロビンソン，K.（著）酒匂寛（訳）(2018)『ライフロング・キンダーガーテン　創造的思考力を育む４つの原則』日経 BP

ローズ，T.（著）　小坂恵理（訳）(2017)『ハーバードの個性学入門：平均思考は捨てなさい』早川書房

Allwright, D. and Hanks, J. (2008) *The developing language learner.* London: Palgrave Macmillan.

Council of Europe. (2018) Common European framework of reference for languages: Learning, teaching, assessment—Companion volume with new descriptors. https://rm.coe.int/cefr-companion-volume-with-new-descriptors-2018/1680787989

Hanks, J. (2017) *Exploratory practice in language teaching.* London: Palgrave Macmillan.

Kumaravadivelu, B. (2001) Toward a postmethod pedagogy. *TESOL Quarterly, 35* (4), 537–560.

Larsen-Freeman, D. and Cameron, L. (2008) *Complex systems and applied linguistics.* Oxford: Oxford University Press.

Larsen-Freeman, D. (2017) Complexity theory: The lessons continue. In Ortega, L. and Han, Z. *Complex theory and language development.* (pp.11–50). Amsterdam: John Benjamins Pub Company.

Norton, B. (2000) *Identity and language learning.* New York: Pearson.

Ortega, L. and Han, Z. (2017) *Complex theory and language development.* Amsterdam: John Benjamins Pub Company.

Pennycook, A. (2001) *Critical applied linguistics.* New York: Routledge.

Yanase, Y. (2020) The distinct epistemology of practitional research; Complexity, meaning, plurality, and empowerment. *JACET Journal* 64: pp.21–38.

Wagner, T. and Dintersmith, T. (2016) *Most likely to succeed: Preparing our kids for the innovation era.* New York: Scribner.

「二人称的アプローチ」による
英語授業研究の試み[1]

吉田達弘

1　はじめに

　本稿では、まず、Schön (1983) の提唱する反省的実践家 (reflective practitioner) とリフレクションについて、佐伯 (2018) によるとらえ直しを手がかりにしながら検討します。次に、心理学などの人間を対象とする学問がその対象に向かうあり方として提唱された「二人称的アプローチ (Second-Person Approach)」(Reddy, 2008；レディ、2017；佐伯、2017、2018) を概観します。「二人称的アプローチ」は、発達心理学者のヴァスデヴィ・レディ (Vasudevi Reddy) が提唱する方法論で、対象を三人称的に切り離して考える従来の研究方法、および、人間観ではなく、対象とのより深いかかわりを求めるアプローチで、この観点から授業研究のあり方を考え直してみます。この議論に、Johnson and Golombek (2016) が提唱する社会文化理論に基づく教師教育研究を重ね、授業者の「情動体験」を契機とした授業研究のあり方、また、授業研究にかかわる研究者のスタンスについても検討します。以上の議論を踏まえ、筆者が小学校の外国語活動の授業を担当する教師と行ったリフレクションのデータを分析し、「二人称的アプローチ」が授業研究に与える示唆を導きたいと思います。

2　授業研究とは何か

　日本の学校文化において、授業の改善および教師の力量形成は、校内研修

における具体的な授業の検討、すなわち、授業研究の中で行われてきました（秋田、2006；佐藤、1996）。教師たちが自律的に、かつ、同僚との協働的に授業を検討するスタイルは、「レッスン・スタディ（Lesson Study）」という呼称で国際的にも普及しています（ウルフ・秋田、2008；Lewis, Perry, and Murata, 2006）。Lewis, Perry, and Murata（2006）によると、学校を基盤として実施される授業研究には様々な様式がありますが、典型的な授業研究のプロセスは、図9のようになります。

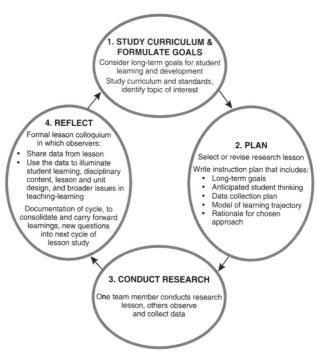

図 9　授業研究（Lesson Study）のサイクル
(Lewis, Perry, & Murata, 2006: 4)

　学校での授業研究は、研究授業（research lesson）を公開すること自体が目的となってしまうことがしばしばあります。しかし、研究授業は、同僚と教育に関する広いビジョンを共有するための「窓（window）」として考えられるべき（Lewis, et al., 2006）であり、そのためには、授業観察から得られた

データを用いて、児童生徒の学び、授業や単元計画のデザインなどに焦点を当てたリフレクションを行い、次の授業研究へ向けた課題の発見することが重要となります。では、授業研究の中で行われるリフレクションとはどのような活動でしょうか。以下では、Schön (1983) の「反省的実践家 (reflective practitioner)」の議論に沿って検討します。

3　リフレクションとは何か

　反省的実践家の概念が、1990 年代初頭に国内で佐藤ら（佐藤、1992；佐藤・岩川・秋田、1991 など）によって紹介されて以来、教師の成長を促すリフレクションに関する数多くの研究がなされてきました。第 2 言語教育研究における教師教育や教師認知研究でも、教師のリフレクションは、もっとも取り上げられているテーマの 1 つですが、近年、研究の数が増えるにつれてリフレクションという用語が意味するものは多岐に及ぶようになり（Mann & Walsh, 2017；Farrell, 2016 などを参照）、Schön が提唱した反省的実践の本来的な意味が希薄化していると思います。

　Schön の反省的実践家の概念は、伝統的な専門家の知識に関するモデルである「技術的合理性 (technical rationality)」に対する批判から始まりました。技術的合理性の特徴は、専門性が細分化されていること、専門性の間の境界が固定していること、科学的であること、標準化されていることにあります (Schön, 1983)。技術的合理性では、実践家が抱える現場の技術的問題は、専門家の示す科学的知見の適用によって解決が可能になると考えられています（「応用科学モデル (applied science model)」と呼ばれる）が、応用科学モデルが通用するのは、多くの場合、現場に多義性のない安定的な状況であることが前提となっています。

　一方、教育を含めた実践の現場は、複雑性、不確実性、不安定さ、独自性、価値葛藤に満ちあふれています。このため、技術的合理性が前提にするような科学的専門的知見を適用することによる問題解決は容易ではありません。Schön は、技術的合理性に対する異議申し立てを行い、次のように述べました。

　　現実世界の実践においては、問題は実践者にとって所与のものとして出
　　されているわけではない。当惑し、手を焼く、不確かな問題状況の素材
　　の中から問題を構成しなければならない。(中略)そのままでは、意味が
　　わからない不確かな状況の意味を認識しなければならない。

(Schön, 1983(佐藤・秋田訳): 57)[2]

　すぐれた実践家は、最初から問題解決を行っているのではなく、置かれた
状況の中で注意を向けるべき問題の取り出し(問題設定：problem setting)を
行うことから始めると Schön は言います。そのために、実践家は、常に「状
況との対話(conversation with the situations)」を行っています。

　また、Schön の反省的実践の議論では、行為の中の省察(reflection-in-
action)と行為についての省察(reflection-on-action)を区別して議論します。
前者においては、実践者は、刻々と変化する状況との対話を行いながら、そ
の場で行為を振り返り、意思決定や問題解決を行うものとされています。一
方、後者は、専ら事後に実践を振り返りながら実行されるもの、と捉えられ
ることが多いと思います。例えば、熟練教師と初任教師の実践的な思考過程
を比較した佐藤・秋田・岩川・吉村(1992)は、「熟練教師は、<u>授業後の反省
的思考</u>だけでなく、むしろ<u>授業過程の即興的思考</u>において、初任教師よりも
豊かな内容を活発に思考している。すなわち、熟練教師の優秀さは、即興的
思考において顕著に表現されている」(p.183、下線部引用者)とし、熟練教師
が初任教師よりも、行為中の省察(in)においてすぐれていることを述べ、授
業後に行う反省(on)との区別をします。

　熟練教師が初任教師と比べ、授業中の意思決定の際の選択肢の多さや意思
決定までに至る判断の速さの点で優るのはその通りでしょう。筆者自身も、
実は、reflection-in-action と reflection-on-action の区別は、省察のタイミング
の問題として考えていました。しかし、省察のタイミングの違いのみを強調
しすぎると、熟練教師が行う即興的な実践的思考は、ブラックボックス化し
てしまう可能性があります(教師にどのような省察を行っているかを授業中
に尋ねることはできませんので)。

　この点について、佐伯(2018)は、Schön (1983) の訳書の中で、この in と

on の区別が誤読されていることを指摘しています。佐伯は、弁護士が、ある裁判の期間中の数ヶ月間、被告の罪状等について吟味したりする例や、授業研究が終わった後も、その授業で気になった子どものことをあれこれ考え続ける教師の例を挙げながら、これらがいずれも reflection-in-action の例であるとし、Schön の reflection-in-action は、関わっている実践の状況に根付いたリフレクション、つまり、reflection-situated-in-action と考えるべきだと主張しています(佐伯、2018: 35)。この点について、Schön (1983)は、次のように述べています。

> 普通の人々でもプロフェッショナルな実践者も、自分がしている事について、ときには実際に行っている最中であっても考えることがよくある。行為の最中に驚き、それが刺激となって行為について振り返り、行為の中で暗黙のうちに知っていることを振り返る。私たちはたとえば、次のように自問自答することがある。「このことを認識した時、自分はどんな特徴に気付いたのだろう。このような判断をする時の基準は何だったのだろう。この技能を実現する時どんな手続きを用いるのだろう。解こうとする問題に、自分はどんな枠組みを与えているのだろう」と。行為の中の知の生成をめぐる省察はたいてい、行為の中の知の生成を構成する素材をめぐる省察へとまっすぐにつながっていく。ひとが取り扱う現象は、当惑するか興味深いものであることが多い。その現象を理解するにつれて人は、行為の中で暗黙のままになっている理解についても振り返るようになる。暗黙のままではなく表に出してそれを批判し、再設定し直し、将来の行為の中で具体化する理解についても省察するようになる。
>
> 行為の中の省察(reflection-in-action)というプロセス全体が、実践者が状況の持つ不確実性や不安定さ、独自性、状況における価値観の葛藤に対する際に用いる〈わざ〉の中心部を占めている。(柳沢・三輪訳: 50–51)

　この一節では、リフレクションは、専門家だけでなく普通の人々が、行為の中で驚いたり、当惑するなど情動的経験を契機に、様々な問を立て、そ

れを状況に即して振り返っていく行為だとされています。さらに、佐伯は、Schön の reflection が、日本語の「省察」や「反省」に翻訳される際に生じる誤解とリフレクションそのものの意義について、以下のように述べています。

> 「リフレクション」について、これを辞書的に翻訳すれば確かに「省察」「反省」が該当しているのだが、これは、先ほどから論じているように、行為の中で、（なんとなく）考えていること、感じていることを「吟味の俎上に載せる」ということである。「吟味」と言ったのは、そこには「これで本当に良いのか」「もっと良い行為はないのか」について、その実践の文脈と結びつけて判断することで、ショーンはそれを「アプリシエーション（appreciation よさの鑑賞）」と呼んでいる。もちろん、それを行うには、起こっている出来事を見つけたり（sense-making）、（あくまで暫定的に）「理論」で説明してみたりすることも含まれてくるが、それは実践者の立場からのものであり、意味付けや理論付け自体が目的でないことは当然である。また実践の善し悪しについて、一般的な観点から価値づける（判定を下す）ことになってはならない、ということにも注意しておくべきだろう。さらにその時々に見られる子どものすごさ、みごとさ、素敵さに驚く、というのも、当然、よさの鑑賞（appreciation）にあたる行為であり、「リフレクション」に含まれる。　　（佐伯、2018: 12–13）

　佐伯は、教師が授業の中で子どものすごさに驚いたり、予期しなかった出来事に当惑したりするといった情動的な経験を契機に、実践についての判断（judge）ではなく、良さの鑑賞（appreciation）を行うといった思考過程こそが reflection-in-action であると言います。しかし、教師がこのような思考過程をたどることは、簡単なことではありません。例えば、ベテラン教師は、授業での様々な出来事に慣れっこになってしまい、驚きや当惑を感じなくなり、あくまでも自分の視点で（後述する）一人称的視点から児童生徒の学びを見たり、あるいは、Schön が「不変項」と呼ぶ一定の枠組みやものの見方、すなわち、三人称的に物事を見ている可能性があるからです。ここでの「不変項」には、以下のようなものが含まれます。

・現実場面を記述するメディア。（表現媒体）、言語、レパートリー。（例えば、ビデオ記録日本語、など）
・「よさ」判断（appreciation）のもとになる、暗黙の前提になっている評価システム。（例えば、どういう保育が「良い」保育かなどのおよその価値観）
・包括的理論。（例えば、発達論、保育論、教育論、など）
・役割フレーム。（学校現場保育者視点、保育園児視点、管理者視点、など）

（佐伯、2018: 18-19）

　こういった不変項があるからこそ、われわれは、授業の中でいつもとは異なる出来事や児童生徒の振るまいが起こった時に、そのズレに気付くことができますが、一方で、こういった不変項は、実践家の reflection-in-practice を非／明示的に制約することにもなります。例えば、英語の授業であれば、中学校や高等学校の学習指導要領に「授業は英語で行うことを基本とする」と明記されましたが、これは教師ができるだけ英語を使う授業が良い授業であるという評価に基づくものだと言えます。しかし、授業者がこの事にこだわり、自らが英語を使うことばかりに注意を向けすぎると、たちまち児童生徒を置いてきぼりにした授業になってしまうことがあります。この時、授業者には、「良い」とされる授業の評価システムに参照しながらも、自分自身が授業をおこなう教室環境で英語の使用がほんとうに児童生徒の学びに寄与しているのか、あるいは、母語の重要な役割は何なのかを検討し、評価システムそのものに批判的になることも必要になってくるわけです。

4　レディによる「二人称的アプローチ」

　佐伯（2018）は、Schön のリフレクションの議論をさらに進め、教師（あるいは、保育者）と児童生徒（あるいは、乳幼児）とよりよく、より深く関わることを目的とし、「実践現場の様々な状況に『身を置いて』(situated-in)、保育者のありようをリフレクションする」(p.20) 必要性を主張しています。そして、そういったリフレクションのあり方を検討するために、乳幼児心理学

者であるヴァスデヴィ・レディが提唱する「二人称的アプローチ」について議論しています。

これまでの乳幼児を対象とした発達心理学では、子どもは、3 〜 4 歳になるまで自分とは異なる他者の心（他者が信じていること）を理解することができないということが、発達心理学の教科書でも通説となっていました（「心の理論」と呼ばれる現象です）。しかし、レディは、自身の子育ての経験から、生後 4 ヶ月までに、赤ん坊は養育者が自分自身（自己、self）に対して向けている情動を読み取り、その後、4 〜 10 ヶ月で、自分自身に対してというより、自分自身が取った行為に対して反応してくれていることに気付き、養育者の注意を引くために、おどけてみせることを発見しました。レディは、その後、様々な実験や観察を通して、赤ん坊が、これまで考えられていたよりも早い時期に、養育者の自己に対する「かかわり（engagement）」を認識することに気付き、応答する事を実証しました（Reddy, 2008；レディ、2017）。

母親にとってみれば、こういった気付きは特別なものではないにもかかわらず、それが見逃されてきた理由として、レディは、発達心理学という学問が赤ん坊を対象（あるいは「もの」）としてとらえ、その場にいる研究者自身は、できるだけ観察対象から距離をとる「学問的非関与（academic detachment）」（p.6）の立場をとってきたことにあると言います。研究者が実験や観察の場に立ち会う時に、実験対象から得られるデータを「汚染する」ような行動をとることが、厳に慎むべきとされるのは、何も心理学に限ったことでなく、私たちが関心を寄せる心理言語学や応用言語学の一部の領域でも暗黙の了解となっていると言えます。

このような心理学における研究対象に対する態度を、レディは「三人称的アプローチ（Third-Person Approach）」と批判し、母親として赤ん坊を「あなた（You）」として接するアプローチを「二人称的アプローチ（Second-Person approach）」と呼びます。レディによる「人間を対象とする学問がその対象に向かうあり方」は、次の 3 つのアプローチに整理されます（佐伯（2018）のまとめによる）。

①「一人称的アプローチ（First-Person Approach）」対象を自分（一人称）と同

じ存在であるとみなし、自分自身への内観をそのまま対象に当てはめて類推する。

②「三人称的アプローチ(Third-Person Approach)」対象を自分と切り離し、個人的関係のないものとして、傍観者的に観察し、「客観的法則」ないし「理論」を適用して解釈する。

③「二人称的アプローチ(Second-Person Approach)」対象を自分と切り離さないで個人的関係にあるものとして、情感を持ってかかわり、対象の情感を感じ取りつつ、対象の訴え・呼びかけに「応える」ことに専念する。　　　　　　　　　　　　　　　　　　　　　　　(佐伯、2018: 21)

なお、「一人称的アプローチ」とは、他者の心およびその心的状態を理解するためには、他者の経験を自らが経験し、その経験を他者の心に当てはめて理解するというものです(Reddy, 2008)。つまり、他者と自己の経験の相違から出発するのではなく、類似性から始めていくもので、「対象の予想外／想定外のふるまいに『驚く』ことがなく、対象の『よさ』についてあらためて『発見』する可能性が閉ざされている」(佐伯、2018: 28)見方です。一人称的アプローチは、他者の心は外からは観察できないが、自己の経験や内観から類推することで理解することが可能とする見方であり、ややもすれば、相手に共感しない自己中心的な他者に対する見方につながってしまうおそれもあります[3]。

5　「二人称的アプローチ」によるリフレクション

では、レディの「二人称的アプローチ」は、授業研究におけるリフレクションのあり方にどのような示唆を与えるでしょうか。

佐伯(2018)は、これまでの授業研究が、対象となる児童生徒を傍観者的に観察し、客観的な法則や原理を導こうとする「三人称的アプローチ」に陥ってきたことを批判し、「二人称的アプローチ」で実践にかかわり、リフレクションすることの重要性を主張します。「二人称的アプローチ」では、児童生徒とよりよく、またより深く「かかわる(engage)」ために、実践現場の様々

な状況に「身を置いて (situated-in)」実践者のありようをリフレクションします (p.20)。しかし、「二人称的アプローチ」を通したかかわりの中で見えてくる児童生徒の反応や出来事に対する驚きは、あらかじめ予測できたり、授業を研究するための理論的枠組みから論理的に導いたりできるものではありません。つまり、「二人称的アプローチ」では、Schön が「不変項」と呼んだ授業の「良さ」等の判断の拠り所となる包括的理論や枠組みを根本的に見直す契機にもなっていくと佐伯 (2018) は主張します。こういったリフレクションこそが、reflection-in-action とは性質が異なる reflection-on-action であり、「物事の見かた、とらえかた自体をさらなる原点から問い直し、考えそのものが変わっていく」(p. 27) ことにつながるのです。「二人称的アプローチ」を通じて、Schön の reflection-on-action の意味を再吟味した佐伯の議論は、授業研究に携わる者が依って立っている理論的枠組みについて再吟味を迫るという点で、非常に示唆的だと思います。

　ところで、授業における教師と児童生徒との関係は、そもそも「二人称的アプローチ」が前提となるのではないかと、一般的に思われているのではないでしょうか。しかし、児童生徒とのかかわりの中で「驚き」、児童生徒の「よさ」に気付く「二人称的アプローチ」で授業研究を行うには、常に児童生徒の学びや情動の変化を感じとりながら応答するという高い意識が必要となります。この意識への手綱を一旦弛めてしまうと、すぐに「一人称的アプローチ」で相手の行為の意味や価値を判断してしまうか、反対に、傍観者的に児童生徒の学びを観察しようとする「三人称的アプローチ」に陥ってしまうからです。

　ここまで、授業者と児童生徒とのかかわりに対する「二人称的アプローチ」について述べてきましたが、「二人称的アプローチ」は、授業者のみならず、授業研究に携わる研究者としての立場やかかわり方も変えていくと筆者は考えます。

6　社会文化理論に基づく第 2 言語教師教育研究

　レディや佐伯による「二人称的アプローチ」は、ヴィゴツキーの発達理論

を基盤にした第2言語教師教育の実践（Johnson and Golombek, 2016）と響き
合う点が多く、ここでその点について触れておきたいと思います。例えば、
教職課程に属する学生たちが、模擬授業や教育実習で教壇に立つ時、あらか
じめ入念に授業を計画したにもかかわらず、いざ授業が始まると計画通りに
授業を進められず、酷く落ち込むということはしばしばあります。学生たち
にとっては、葛藤、不安や恐れ、失望などを体験するある意味「危機的な状
況」です。しかし、この時の学生たちの体験を「ネガティブな体験」として
一括りにしてしまうことはできません。なぜなら、そのような体験は、（た
とえ実習生であっても）教師一人ひとりが、教室の出来事をどのように認識
し、自身の体験を意味付けたかによって異なるからです。学生たちの体験
は、これまで学習者として外国語の授業で受けてきた経験、教職課程の中で
学んだ様々な理論や知識、実際の授業中の児童生徒とのやりとり、指導教員
の助言などが複雑に絡みあう中で意味付けされます。ある学生は、教育実習
で大学で学んだように授業を計画したものの、うまくいかないという経験を
することで、教職課程で学んだ知識は学校現場ではたいして役立たないと、
大学での学びに対して不信感を抱くかもしれません。また、別の学生は、自
分の立てた指導計画が、はたして目の前の児童生徒の実態を反映したもので
あったか、その時、自分は児童生徒をどのように見ていたか、など再吟味し
ながら次につなげようとするかもしれません。ヴィゴツキーは、このような
体験を「情動体験（*perezhivanie*）」と呼んでいます（ヴィゴツキー、2007；庄
井、2013: 98）が、この「情動体験」が起こった時こそ、教師教育者の力量が
求められます。Johnson and Golombek (2016) は、当該の学生の情動体験に敏
感になりながら、応答的に与えられる声がけ、確認、反駁、探究的発問など
を「応答的援助（responsive mediation）」と呼んでいますが、これは、「対象
を自分と切り離さないで個人的関係にあるものとして、情感を持ってかかわ
り、対象の情感を感じ取りつつ、対象の訴え・呼びかけに『応える』ことに
専念する」（佐伯、2018: 21）とする「二人称的アプローチ」における人間へ
の向き合い方と響き合います。

　以上、佐伯（2018）による Schön の反省的実践家の再考、レディの「二人
称的アプローチ」を通じた授業者と児童生徒のかかわり、および、社会文化

的理論を通じて、教師教育者と授業者とのかかわりを整理しました。この整理に基づくと、授業研究における「二人称的アプローチ」は、授業者と児童生徒の関係のみならず、リフレクションを行う授業者と同僚（あるいは、研究者・教師教育者）の関係にも拡張できると考えられます。この事を具体的に示すため、以下では、筆者が「二人称的アプローチ」を意識しながら、小学校で英語授業を担当する教員と授業研究を実施した時のリフレクションを分析し、双方の授業の出来事へのかかわり方を検討します。

7　「二人称的アプローチ」に基づくリフレクションの実際

7.1　研究への参加者と実践の文脈

　以下に示す授業リフレクションは、大阪府の小学校で外国語活動の授業を担当するA教諭による授業で行ったものです。A教諭は、本研究を行った当時、小学校教員としての職歴が8年目でしたが、5年目が終わった時に、教職を一時休職し、筆者が務める大学院に入学し、英語教育を専攻する修士課程を修了しました。その後、筆者が大学院修了生に授業研究に関する研究協力を呼びかけたところ、A教諭も協力者の1人として参加を表明し、今回の調査研究を実施することとなりました。

　研究調査を行った時期（2018年6月）は、小学校の新学習指導要領の実施を2年後に控えた移行期間であり、本格実施に向けて指導内容や教材に関する様々な準備が行われていました。それまでは、5・6年生でそれぞれ週1コマ（年間35コマ）の外国語活動が実施されており、「外国語を通じて、言語や文化について体験的に理解を深め、積極的にコミュニケーションを図ろうとする態度の育成を図り、外国語の音声や基本的な表現に慣れ親しませながら、コミュニケーション能力の素地を養う」（文部科学省、2008）ことが目指されていました。授業の担当は、学級担任が中心となり、担任一人で授業を実施するか、外国語指導助手（Assistant Language Teacher）や地域人材とのティーム・ティーチングが主な授業の実施方法でした。

　新たに示された学習指導要領（文部科学省、2017）では、外国語活動が3・4年生で実施され、5・6年生で外国語科が教科化されることが示されまし

た。特に、移行期間には、5・6年生用の補助教材として『We Can! 1、2』
が配布されましたが、その学習内容は、それまでの外国語活動に比べ、質と
量ともに高度化されていました。小学校での外国語の授業は、早期化および
び学習内容の高度化が図られる一方、授業を担当できる教員の研修および養
成が同時進行で進められてきたこと、また、各教育委員会の取り組みや予
算措置などについても、地域差が出ていることから、実際に授業を担当する
教員の不安は大きいことが報告されています（及川、2017；米崎・多良・佃、
2016など）。

　A教諭は、事前の聞き取りで、大学院で英語教育について学んだものの、
国から指導すべき内容や教材、あるいは、到達目標が示される中で、6年生
の学級担任として、児童たちにそこまでの力量を付けることができるのか、
常に不安を持って授業をしていると話してくれました。また、教育委員会の
取り決めで、A教諭が勤務する市では、いずれの小学校でも校区内にある中
学校の英語教員が小学校での英語授業の時間に派遣され、学級担任とティー
ム・ティーチングをすることがあり、より良い指導方法のあり方についても
悩んでいると話してくれました。

7.2　実践の方法

　研究対象となった授業は、2018年7月に、A教諭が担任を務める6年生
のクラス（児童数38名）で実施されました。授業で扱った題材は、文部科学
省が配布した補助教材『We Can! 2』に収録されているI can swim.という単
元でした[4]。児童たちの日常生活の中で「できること・できないこと」を表
す表現を理解し、それをお互いに尋ね合うことが、この単元の目標でした。
A教諭は、事前の聞き取りで、外国語活動の授業で、児童たちの活動への参
加が熱心でなくなり、「（活動を）こなしているだけ」になっている日もあり、
この点を改善したいと話していました。実際、事前に、筆者に送ってくれた
学習指導案にも、授業での課題として、児童たち一人一人が、お互いに尋ね
合う活動に参加できるよう、表現や活動についての説明や練習が子どもたち
にとって「分かる」ものにすることや、児童たちが活動に取り組んでいる時
に、参加の度合いを確認しながら状況に応じて声かけをする工夫をしたい、

と書かれていました。授業後のリフレクションでは、これらの課題についても検討することとしました。

7.3　授業およびリフレクションの記録方法

　授業の記録は、筆者が教室後方から撮影し、授業の直後に、筆者とA教諭でそのビデオを見ながらリフレクションを実施しました。撮影は、iPadアプリケーションである Video Enhanced Observation (VEO) を使用しました。VEO は、Paul Miller 氏と Jon Haines 氏が創設した VEO Ltd. が開発した iPad用アプリケーションで、撮影者が授業を録画しながら教師や学習者の発話や行動にリアルタイムでタグを付与することができます。タグは、授業の目的や教師自身が振り返りたい内容に沿って、任意に設計することが可能であり、授業収録後、画面をタップすることで、タグ付けされた場面を画面上に呼び出すことができます。通常のビデオによる振り返りでは、授業者、もしくは、観察者が自身の記憶やメモを頼りに、振り返りたい場面を呼び出しますが、VEO では、例えば、「児童と教師のやり取り」といったタグをタップすることで関連する場面を呼び出すことができ、関連する場面間の比較も容易にできます。これによって、授業者は、通常のビデオによるリフレクションと比べ、より授業中の行為に根付いたリフレクション(reflection situated in action、佐伯、2018) を行うことが可能になります。なお、VEO を使ったリフレクションは、授業直後に1時間ほど実施しましたが、この時の様子は、後方から別のビデオカメラで撮影するとともに、音声はボイスレコーダーで録音し、後日、文字おこしし、分析用のテクストとしました。

7.4　分析

　対象となった外国語活動の授業では、友達同士で自分たちのできること、できないことを尋ね合う活動を行うことになっていました。以下は、A教諭が、児童たちがお互いに尋ねあう活動のやり方を示範し、活動に入る直前に児童から質問を受けた場面です。

(1)授業場面：「できること・できないこと」を尋ね合う活動の説明(A＝A

教諭、S＝児童、SS＝複数の児童）、〔　〕では場面の様子を表す）

01　A:　Any questions? 質問ありますか。はい、どうぞ。

02　S1:　(いままで)やったことないこととか、どう答えるんですか。

03　A:　〔少し考えてから、わからない、というジェスチャーをつけて〕I'm
　　　　not sure. I'm not sure. はい。

04　SS:　〔全員で繰り返す〕I'm not sure.

05　A:　I'm not sure.

06　SS:　〔全員で繰り返す〕I'm not sure.

07　A:　わかりません。やったことありません。I'm not sure.

08　SS:　I'm not sure.

09　A:　OK? Are you ready?

10　S2:　〔挙手して〕先生、「ふつう」って何ですか。

11　A:　「ふつう」？〔腕組みして考えて〕So-so. まあまあやったら、So-so.

12　S2:　そしたら、○か△やん。

13　A:　むずかしいなあ。

14　S3:　半分○にしたらええやん。

15　A:　○と×にするか。うーん、○か×、どっちか。はい、決定。

16　S2:　えー！

17　A:　(S2 に向かって)△にする？

18　〔教室内がざわつき始める〕

19　S4:　○と△でええやん。

20　A:　よし〔○、△、×と板書する〕。決めきれへん人もいるもんな。

　A 教諭は、児童たちが、Can you ...? Yes, I can./No, I can't という表現形式に慣れ親しみ、やり取りの中で使えるようになることを目標としていたのですが、児童たちは、どのくらいできたら、Yes と答え、また、どの程度できなかったら、No と答えることができるのか、あるいは、経験のないことにはどう対応するのか、というように表現形式というより、そこで伝えようとしている内容や意味へのこだわりを見せ始めました。A 教諭は、この場面をVEO で呼び出し、じっくりと眺めた後に、次のように話し始めました。

(2)リフレクション１：児童の活動に対する態度の変化と○△×をどう扱うか

01 A: ここが子どもたちに、子どもたちの考えで、○△×になったんですけど、うん、いざ、△とか×の区別って、子どもたちはやりとりの中でできていたのかな、っていうのが心配。何をもって、△とか×って言えてたのかな。I can't だったからだったら×、I'm not sure をそんないきなり使いこなせてたのかなあっていう。(中略)

02 Y: あのー、そうそう、この単元だと、それいつも問題になるんですよ。

03 A: ふーん。

04 Y: 特に子どもたちは、「ちょっとできるって何て言ったらいいの」とかね、「ちょっとできるは○？」とかね。言うでしょう。

05 A: 私、今日、子どもたちの反応が返ってきて、「まあまあ」ってどう言うん？とか、あれ返ってきて、すごいなあ、ほんまに考えてるんやなあって、

06 Y: あああ。

07 A: 自分事として、

08 Y: そうね。

09 A: 機械的にじゃなくて、本当に自分の感情をのせようとしているというので、私は感動していたんですけど、で、いったん、私はもうこの二つ(＝○と×)でいこうって、言った後に、でもそのつぶやきってすごい大事やなっと思って拾ったものの、どうしようって、あそこ、すごい、私はもう押したり引いたりっていうのをすごいしていました。

　A教諭は、自身が Yes と No に対応する○と×を使って活動させようとしたものの、児童たちからの反応で、とっさに、"I'm not sure." という表現を△の表現として提示しました。この時のことを、A教諭は、「すごいなあ、ほんまに考えてるんやなあって」や「機械的にじゃなくて、本当に自分の感情をのせようとしているというので、私は感動」したと話し、児童たちが言語形式の練習としてではなく、そこで交わされる意味(「自分事として」「自分の感情」)に焦点化していることに気付いています。このような児童の姿

は、A 教諭が課題としていた「だれてきている」「こなしている」といった児童の姿とは異なり、むしろ、積極的に活動に参加しようとする現れとも言え、A 教諭は、そのことに驚いたのです。

　この時の A 教諭の驚きは、言語活動に取り組む児童たちの意味の際に対するこだわりに気付いたために生じたもので、「二人称的アプローチ」による児童たちへの接近が見られると考えます。例えば、当初、A 教諭がやろうとしたように、「細かいことにこだわらなくて良いから、○か×、Yes か No で答えてごらん」と指導をすることは可能でしょうが、そのような指導は、外国語の形式面の学習を優先し、児童たちが表現したい意味や情感を活動から切り離してしまうことになります。A 教諭は、児童たちのつぶやきや発言に耳を傾けることで、外国語の形式面の学習よりも、児童たちが表現したいことに寄り添おうとしたと言えます。

　しかし、A 教諭が、児童たちのつぶやきを拾った途端、それをどのように実現したら良いのかという葛藤が生じます。児童たちが表したい表現の違いをここで提示すべきなのか、あるいは、それをどのように提示したら良いのかを考え、葛藤している様子は、「私はもう押したり引いたりっていうのをすごいしていました」という言葉に現れています。この葛藤こそが、上述した教師の「情動体験」です。この「情動体験」を契機に、今度は、児童自身が伝えたい意味を大事にしながら、意味の違いを伝える表現形式を学ぶことの重要性に気付くことにつながります。そのことを次のリフレクションで見てみます。

(3) リフレクション 2：「好き・嫌い」と「できる・できない」

01　A：　（画面上の前の座席の児童を指さして）ここの子も私はすごい気になっていたんですけど、「苦手」ってぽそっと言ったんです。

02　Y：　ああ。

03　A：　Can you play the recorder? の時に、私は、彼がリコーダーを嫌いっていうのは知っていて、でも、別にまったく吹けないわけではないので、「できるよな。B さん、できるやん」ってぽそって言うてたんですけど、「苦手」ってぽそっと言ったので、子どもたちの中で、

その前の時間にもあったんですけど、最初、Can you...? ってなんやろう、ていう I can とか I can't の時に、「好きか、嫌い、の意味ちゃうん？」って言った子がいたんです。そこの線引きというのは、やっぱり文法的な説明がいるのか、っていうのは、私は気になるところです。

04　Y:　あああ、文法というか、表現の違いじゃない？好きと嫌いと、できるか、できないかは、違うことですよね。嫌いだけど、出来ることがあるじゃない。リコーダー嫌いだけど、テストはパスしました、とか。好き嫌いとできるできないは別だから、そこを言葉にしてあげたら良いのかもね。

05　A:　ああ。

06　Y:　B さんが、"I can play the recorder. でも…、

07　A:　（なるほど！という表情。メモを取り出す）

08　Y:　I don't like (to play) the recorder." っていうように言えたら、自分の細やかな気持ちを言えてるかもね。

09　A:　あああ。

10　Y:　でも、（子どもたちと）そういう議論を前の時間にしているんだったら、それはすごく良いことで、ちょっと思い出してみてって、いう話ですよね。

　A 教諭は、活動中に教室前方の座席の男子児童（B さん）の前にしゃがみ込み、表現の仕方を支援しました。B さんが音楽の時間でリコーダーの演奏を嫌いだということを A 教諭は知っていましたが、演奏がまったくできないということではないことから「できるよな」と励ましたのです。しかし、B さんは「苦手」とつぶやき、I can play the recorder. という表現を使おうとしませんでした。この場面を見ながら、A 教諭は、初めて I can/I can't という表現を導入した前時の授業で、児童たちにその意味を推測させたところ、「好き、嫌い」の意味と混同する児童たちがいたことを思い出しました。A 教諭は、この児童が自分のことを適切に表現できなかった原因が、前の授業で、I can.../I can't... の意味を明示的に説明しなかったことにあるのではないか

と振り返っています。

　「苦手」という日本語は、「嫌い」という感情ともに、「できない」という意味が交じり合っていることもあるので、その区別は容易ではありませんが、筆者は、この時、授業場面を一緒に振り返りながら、子どもの気持ちの細やかな違いを表す表現として、「I can play the recorder. でも…」（6行目）とA教諭に向かって発話しました。A教諭に、「でも」の後を続けてもらうべく、しばらく待ちましたが、A教諭は「なるほど」という表情を浮かべ、急いでメモを取り始めたため、結局、筆者が、「…I don't like to play the recorder.」と続けました（8行目）。この時、A教諭は、I like/don't like と I can/can't の表現の違いは、明示的に説明すべきものだというより、その時の場面や児童の気持ちから意味の違いを解きほぐす（「好きだけど、うまくできない」「できるけど、好きでない」）ことが可能であることに気付きます。この時の「なるほど」という表情は、A教諭の情動体験、すなわち「腑に落ちた（sense making）」ことを表すものだと筆者は解釈しています。また、この時の「腑に落ちた」体験は、筆者の発話による「応答的援助」から生まれたといえるでしょう。ただし、援助の与え方としては、やや一方的になっています。筆者はA教諭の見方に寄り添う二人称的アプローチをもっと意識することができたと思います。

　言語教育は、表現形式に慣れ親しむ、あるいは、表現形式を定着させることを優先するあまり、児童生徒が発したい意味をおろそかにしてしまうことがしばしばあります。しかし、「二人称的アプローチ」から児童生徒と向き合い、また、授業研究でも「二人称的アプローチ」からリフレクションを行っていくことで、授業者および授業研究者は、児童生徒の学びや情動の変化により深くかかわり、授業への理解を深めることが可能になるでしょう。

8　まとめ

　「二人称的アプローチ」は、授業研究に取り組む研究者に対しても従来の対象に対する態度の変更を迫ると考えます。今回の授業研究で筆者自身が経験したのは、授業者に共感的になりつつも、応答的援助をするためには、当

たり前ですが、三人称的アプローチとは異なるマインドセットと技術が求められるということでした。研究者は、三人称的立場から、授業で児童生徒の学びや授業者の経験を意味づけることは(恐らく)得意でしょう。しかし、「二人称的アプローチ」で授業研究に臨もうとすると、授業者の葛藤や困惑といった「情動体験」を引き出し、それを引き受けながら、応答的援助を与えることが求められます。Johnson and Golombek (2016) は、そういった援助の与え方、あるいは授業者との関係の作り方は教師教育者自身の情動体験にも影響を受けていることに意識的になるべきだとも述べています。同様に、佐伯 (2018) も、「対象を(『二人称的に』)深く『知る』には、さまざまな経験をしっかり『一人称的』にとらえる―自分自身がその経験で対象に何を感じ、どのような情感が働き、どのように応答せざるを得ない衝動が生まれるかなどを意識する―ことが重要である」(p.29)と述べています。

　さらに、Johnson and Golombek (2016) は、教師教育者が応答的援助を与える時に、授業者と共同思考(interthinking) (Mercer, 2004) することの重要性を主張してますが、同様の考え方として、Edge (2002) による「共同的成長(Cooperative Development)」の考え方も参考になります。Edge は、カール・ロジャーズの来談者中心療法を参照しながら、実践者同士がお互いの経験を聞き合い、ともに成長する関係を作り上げる方法を提案していますが、この時、両者の間には、Speaker-Listener ではなく、Speaker-Understander という関係を築くことが重要だと言います。Understander は、先入観や評価的見方をできるだけ排し、Speaker と対話を構築しながら、お互いの成長を援助する「スペース」を作り出す役割を担います。

　以上、授業研究における「二人称的アプローチ」の重要性について論じてきました。しかし、授業研究者の役割として、「三人称的アプローチ」を用いて、日頃から前提としている不変項、すなわち、教育研究の中で当然視されている理論や枠組みに対して批判的な考察を行い、授業者や児童生徒の体験を実践の側から理論化すること、すなわち、reflection-on-action を行うことも重要な役割となります。Schön (1983) の言う「応用科学モデル」とは異なるスタンスですが、授業研究者は、三人称的アプローチと対象への二人称的アプローチの往復を行うこと、すなわち、「2.5 人称的アプローチ」で授

業研究に臨むことが求められると思います。異なる人称を往き来するしなや
かな身のこなしが筆者にできるかどうか、さらに授業研究の事例を重ねなが
ら、検討していきたいと思います。

注

1　本研究の一部は、JSPS 科研費 JP16K02962（「教室談話に関する専門的力量形成めざ
した英語教師研修プログラムの開発」（研究代表：吉田達弘））の助成を受けています

2　本稿では、Schön（1983）の翻訳として、佐藤・秋田訳（2001）と柳沢・三輪訳（2007）
を用います。

3　この点については、Brené Brown の empathy と sympathy についての講演（https://
youtu.be/1Evwgu369Jw）が参考になります。

4　新教育課程への移行期間ということもあり、この時、文部科学省から配布された
補助教材『We Can!』には、それまで使用されていた『Hi, Friends!』という補助教材
も合本として挿入されており、学校の状況に合わせて、旧補助教材の内容も使用でき
るように構成されていました。

参考文献

秋田喜代美（2006）「授業研究の展開」秋田喜代美（編著）『授業研究と談話分析』：pp.22-
　　36. 放送大学教育振興会

Edge, J. (2002) *Continuing cooperative development: A discourse framework for individuals as
　　colleagues.* Ann Arbor: The University of Michigan Press.

Farrell, T. S. C. (2016) Anniversary article: The practices of encouraging TESOL teachers to
　　engage in reflective practice: An appraisal of recent research contributions. *Language
　　Teaching Research, 20*(2): pp.223–247.

Johnson, K. E. and Golombek, P. R. (2016) *Mindful L2 teacher education: A sociocultural
　　perspective on cultivating teachers' professional development.* New York: Routledge.

Lewis, C., Perry, R., and Murata, A. (2006) How should research contribute to instructional
　　improvement? The case of Lesson Study. *Educational Researcher 35*(3): pp.3–14.

Mann, S., and Walsh, S. (2017) *Reflective practice in English language teaching: Research-based
　　principles and practices.* New York: Routledge.

Mercer, N. (2004) Sociocultural discourse analysis: Analysing classroom talk as a social mode of thinking. *Journal of Applied Linguistics 1*(2): pp.137-168.

文部科学省(2008)「小学校学習指導要領解説　外国語編」

文部科学省(2017)「小学校学習指導要領」

及川賢(2017)「小学校英語指導に関する教員の不安度―教員経験年数，英語指導年数，中学校英語教員免許の有無による違い―」『埼玉大学紀要　教育学部』66(2): pp.499-512.

Reddy, V. (2008) *How infants know minds.* Harvard University Press.(レディ・ヴァスデヴィ　佐伯胖(訳)(2015)『驚くべき乳幼児の心の世界―「二人称的アプローチ」から見えてくること』ミネルヴァ書房)

レディ, V. (2017)「乳児期におけるかかわることと心への気づき」中山人間科学振興財団25周年記念事業特別委員会(編)『発達心理学の新しいパラダイム―人間科学の「二人称的アプローチ」』: pp.1-4. 中山出版

佐伯胖(2017)「『二人称的アプローチ』入門」佐伯胖(編著)『「子どもがケアする世界」をケアする―保育における「二人称的アプローチ」入門』pp.33-77. ミネルヴァ書房

佐伯胖(2018)「リフレクション(実践の振り返り)を考える―ショーンの「リフレクション」論を手がかりに」佐伯胖・刑部育子・苅宿俊文(著)(2018)『ビデオによるリフレクション入門』: pp.1-38. 東京大学出版会

佐藤学(1992)「『パンドラの箱』を開く―『授業研究』批判」森田尚人・藤田英典・黒崎勲・片桐芳雄・佐藤学(編)『教育学研究の現在　教育学年報1』: pp.63-88. 世織書房

佐藤学(1996)『教育方法学』岩波書店

佐藤学・岩川直樹・秋田喜代美(1991)「教師の実践的思考様式に関する研究(1)：熟練教師と初任教師のモニタリングの比較を中心に」『東京大学教育学部紀要』30: pp.177-198.

佐藤学・秋田喜代美・岩川直樹・吉村敏之(1992)「教師の実践的思考様式に関する研究(2)：思考過程の質的検討を中心に」『東京大学教育学部紀要』31: pp.183-200.

Schön, D. A. (1983) *The reflective practitioner: How professionals think in action.* New York: Basic Books.(ショーン・ドナルド　佐藤学・秋田喜代美(訳)(2001)『専門家の知恵―反省的実践家は行為しながら考える』ゆみる出版. ショーン・ドナルド・A 柳沢昌一・三輪健二(監訳)(2007)『省察的実践とは何か―プロフェッショナルの行為と思考』鳳書房)

庄井良信(2013)『ヴィゴツキーの情動理論の教育学的展開に関する研究』風間書房

ヴィゴツキー, L.S. (2007)(竹岡志朗・伊藤美和子・土井捷三訳)「児童学における環

　　境の問題」『ヴィゴツキー学』8: pp.51-61. ヴィゴツキー学協会

Wallace, M. J. (1991) *Training foreign language teachers: A reflective approach.* Cambridge University Press.

ウルフ・ジーン・秋田喜代美(2008)「レッスンスタディの国際的動向と授業研究への問い―日本・アメリカ・香港におけるレッスンスタディの比較研究」秋田喜代美・ルイス=キャサリン(編著)(2008)『授業の研究 教師の学習』: pp.24-42. 明石書店

米﨑里・多良静也・佃由紀子(2016)「小学校外国語活動の教科化・低学年化に対する小学校教員の不安―その構造と変遷―」*JES Journal* 16: pp.132-146.

何に着目すれば良いのだろうか
—英語授業改善の具体的な視点を探る

竹内　理

　本稿では、まず 2020 年度から逐次実施されていく教育改革の骨子について触れた後、学校での英語教育がこれからどう変わっていくのかについて概説します。次にそれを受ける形で、英語授業実践学の確立の必要性を述べ、これとの関連から、本稿で報告する調査の問題意識を提示します。調査では、ベテラン教員と教員志望の学生たちでは、英語授業を見る際の着眼点がどのように違うかを明らかにし、「めあて」設定の重要性や理論的な「枠組み」を持つことの意義、さらには各人が置かれた状況との対話の大切さについて議論していきます。稿末には、そのまとめとして、これからの英語教員養成で必要と考えられることを示します。

1　はじめに

　2020 年度から逐次実施される学習指導要領に示されている教育改革の考え方は、英語教育の現場に大きな変化をもたらすことになるでしょう。今回の改訂は 1958 年度の（大臣告示の形での）学習指導要領導入から数えて 7 回目の改訂となりますが、「改訂」というよりは、むしろ根本的な「やり直し」ともいわれており、その影響はかなり広範囲に及ぶものと考えられます。

1.1　底流にある考え

　今回の改訂の底流に流れる考えとして、学校での教育が、知識を伝授することだけに留まらないようにする、ということがあります。他者と協働しな

がら、知識や技能を活用して新たな枠組みを創り出し、次々に生じてくる課題や未知の状況に対してより良い解決策を模索できる人物を育てる。つまり、正解がない課題に対して、他者と協働しながら、最適解を探る力を身につけさせようとしている、ということになります。

知識・技能の習得

上述した目的を達成するために、新学習指導要領では3つの大きな観点を掲げ、これらを外国語(英語)を含むすべての教科と、小学校から高等学校までのすべての学校種において適用しようとしています。大学においても、シラバス作成時に3つの観点に従って作成することが求められているのは、この流れの中に大学も位置づけられている証左といえるでしょう。3つの観点の1つ目は、「知識・技能」の習得です(文部科学省、2017a, 2018a)。何をするにも、基盤となる知識とそれを活用する技能がなければ始まりません。従って、新しい学習指導要領でこの観点が重要視されていること自体は、ごく自然であると考えられます。しかし、ここで我々が着目すべき点は、「知識」と「技能」が1つにまとめられているということでしょう。つまり、英語の体系に係る知識、そして背景の文化を知っているだけではだめで、実際のコミュニケーション[1]の中でそれが活用できなければならない、という考え方を強く打ち出しているということです。

思考力・判断力・表現力等の育成

2つ目の観点は、「思考力・判断力・表現力等」の育成です。これが何を意味するかについては教科ごとに異なり、『学習指導要領解説』などに、教科特有の「見方・考え方」と関連させながら示されています。このうち、外国語(英語)における「思考力・判断力・表現力等」は、「外国語で表現し伝え合うため、外国語やその背景にある文化を、社会や世界、他者との関わりに着目して捉え、コミュニケーションを行う目的や場面、状況等に応じて、情報を整理しながら考えなどを形成し、再構築すること」(文部科学省、2017b: 10, 2018b: 148)となります。つまり、目的や場面、状況を意識しながら言語活動をおこない、その中で自らの考えを整理・形成し、論理的に他者に向け

て表現していくことを指すわけです。この観点は今回の改訂において中心的なものと位置づけられており、今後の外国語（英語）の授業のあり方にも、大きな影響を及ぼすものと考えられます。

学びに向かう力・人間性等の涵養

3つ目の観点が「学びに向かい合う力・人間性等」の涵養です。ここでいう「学びに向かう力」や「人間性等」は、他者に対する配慮を持ちながら、自ら進んで外国語を使いコミュニケーションを図ろうとする態度や、学びのプロセスを客観的に振り返るメタ認知の力、多様性を尊重しながら協働する力、さらにはレジリエンスや感性なども含んでいます。このような力をしっかりと持つことは、学んだ内容を社会や人生に活かしていくために必須であり、「知識・技能」、「思考力・判断力・表現力」といった能力・資質を粘り強く活かし続ける駆動力（Driving Force）として位置づけることもできるでしょう。

1.2　主体的・対話的で深い学び

　上記のような3観点を教育場面で身につけさせていくために、新しい学習指導要領では「主体的・対話的で深い学び」を奨励しています。これまで学習指導要領の改訂では、教える中身の改善や拡張（あるいは整理）が主な関心事項でしたが、今回は、このように教え方・学び方にまで踏み込んだ記述があるのが特徴といえるでしょう。ここでいう「主体的」とは、学習者が自らの学びにイニシアティブをとる、つまり行為主体性（Agency）[2]を確保することを意味します。自らゴールを設定し、その実現のため計画（見通し）を立て、方法を考え、これを実行し、必要に応じて自らの行動を振り返り、調整しながら根気づよく学び続ける意志を持つ、というイメージです。別の言い方をすると、自己調整（Self-Regulation）[3]の実現ともとらえることができるでしょう。次の「対話的」とは、対話の対象を教員やクラスメイトなどに限定せず、書物などでの知の蓄積（つまり過去の人物の叡智）との対話も含んで良いのではないでしょうか。学習者が同時代の仲間（横糸）や過去からの叡智の蓄積（縦糸）とのやり取りを通して、自らの考えを深め、時には新たな考え方

（織物）を創り出す。そんな学習過程を求める意向が、この「主体的・対話的で深い学び」に表れているものと考えられます。

1.3　英語教育はどう変わっていくのか

　上記の解説を踏まえると、英語教育はこれからどのように変わっていくのか、ある程度予想を立てることが可能となります。まず考えられるのは、コミュニケーション活動を中心に据えた授業の展開が必須になる、ということでしょう。つまり、知識として英語の体系を教えるだけではなく、その体系を場面・状況に応じて効果的に使い、目的を達成していく能力を身につけることが求められる、ということになります。根岸(2019: 3)は、これからの時代においては、「英語学習者は最初から使用者となる」と指摘していますが、「いつかは英語が使えるよう」に教えるという考えを捨てて、「使いながら学んでいく」という考えを持つ必要がある、ということになるでしょう。

　上述した教え方の転換は、測定（テスト）にも影響を与えることになります。つまり、「英語を使う場面において、その使用目的をどの程度まで達成できているのか」という視点が重要視される以上、紙と鉛筆によるテストでは達成度の測定が難しくなるというわけです。こうなると、パフォーマンス・テスト、つまり場面を設定して、実際にやらせてみてタスクの目的達成度を見る、という測定へと切り替えていく必要が出てくるわけです。

　文法や語彙、発音に対する考え方も、これからは変わらざるを得ないでしょう。なぜなら、それらはすべて使用目的との関係で語られる必要性が生じるからです。たとえば、新学習指導要領下では、簡単な仮定法が中学校で導入されます。しかし、このことは教えるべき文法形式が1つ増えたという考え方で捉えるべきではなく、願望の話を英語でする場面が設定され、そこでの目的達成のために導入された、という視点で取り扱われる必要があります。こうなると、場面での目的が達成できれば、形式上の完璧さ（正確さ）はそれほど求めない、ということになっていかざるを得ません。語彙についても、すべての語句で意味がわかり、スペルが書けて、発音ができ、用法がわかる必要があると考えるのではなく、コミュニケーションの目的や必要性にあわせて、どの語句を、どのレベルまで習得させるのか、という線引きをし

ながら取り扱う必要が生じます。発音もしかりで、ネイティブの発音にできるだけ近づけるべきという視点ではなく、場面での目的達成のために十分な明瞭性を持った発音にする、という視点から教えることになるでしょう。

　上記に加えて、主体的な学びの実現のために、学習ストラテジー[4]の指導も大切になるでしょう。学校での学習だけでは、外国語の学びは決して完結しません（竹内、2007）。教室の外でも学びが継続できるよう、メタ認知的な要素や動機づけの維持なども含むストラテジーに着目していく必要性は、新しい学習指導要領下でより一層増していくものと考えられます。また、その際には、ICT機器（ソフトウェアを含む）のような新しいツールや、反転学習（Flipped Classroom/Learning）に代表されるような新たな教え方も、積極的に取り入れていくことになるでしょう。

1.4　問題意識─どこを切り口に英語授業を変えていくのか

　人は「自分が教わったようにしか教えられない」とよくいわれます。しかし、上述したような大きな変化が起きようとしている今、これまでの教え方に固執し続けることは、生徒・学生たちにとって、決して有益なこととはいえないでしょう。もちろん、教員各人それぞれに、英語教育のあり方や方向性について持論があるわけで、その内容が異なっていても構いません。しかし、社会の変化にあわせて何らかの変革を行う必要性がある、という点に関してだけは、議論の余地がないと筆者は考えています。なぜなら、教育学者の John Dewey が指摘しているように、"If we teach today as we taught yesterday, we rob our children of tomorrow." なのだからです。

　それでは、「教わったように教えない」、あるいは「授業を変えていく」ためにはどうすれば良いのでしょうか。研究授業などに参加させて頂くと、その後の協議の場で「授業を変えていきたい気持ちはあるけれど、一体どこから始めたら良いのでしょうか」と問われることがよくあります。「授業改善の視点や切り口がこれで良いのか不安です」、「授業のどこを変えれば改善の糸口になるのか悩んでいます」などの質問も、同じ部類に入ると思われます。また、教職課程の授業を担当していると、課程履修中の学生さん（以後、教員の卵たち）からも「模擬授業を考える際に、どこから手を付けていけば

良いのか分からず悩んでいます」、「他のグループの模擬授業に対して意見を求められても、どこに注目すれば良いのかわかりません」など、「切り口」に関する悩みが呈せられることがよくあります。大きな改革を目前にして、このような(どちらかというと基本的な)事項に共通認識が得られていないということは、残念な状況であるといわざるを得ません。同時にこれは、英語授業実践というものを体系的に研究した成果(つまり英語授業実践学)がまだ十分に打ち立てられていない、ということの証ともなるでしょう。そこで筆者は、英語授業実践学の確立に向けた1つの試みとして、「授業のどこへ着目し、改善の糸口とすれば良いのか」という問いかけを作り、これに対してデータに基づいて答えるべく、以下の調査に着手しました。

2 調査のあらまし

　これまでの研究では、上記のような授業における着眼点に関する問題意識は、どのように取り扱われてきたのでしょうか。まずはそこから、調査をスタートすることにしました。

2.1 これまでの研究でわかること

　関係する文献を渉猟していくと、同じような問題意識は、教師認知(Teacher Cognition)の分野で取り扱われていることがわかりました。この分野の研究のまとめの1つである Borg (2017) によると、授業のどこに着目するかを決めていく要因は、以下の4つに分類が可能だといいます。

(1) 学習者としての学校での学びの経験
(2) 教員養成課程での学びの経験
(3) 実際の教室での授業経験(含む教育実習等)
(4) 社会的文脈(教育制度、学校文化、社会・地域からの要請等)

　これらの4つの要因は、それぞれの教員により異なる変数であるため、授業のどこに着目するかは、個々人により変わるということになります。ま

た、要因には様々な経験の要素が含まれているため、経験豊富なベテラン教員と、ほぼ経験ゼロの教員の卵たちでは、着眼点が大きく異なることも予想されます。加えて、社会的文脈の感じ方も、この両者では相当に違うと考えられます。一方で、ベテラン教員の多くは時代を共有し、似たような学習環境や社会環境に置かれていたと仮定すると、上記の要因のうちいくつかは同じような影響を与え、その結果、共通の傾向が出現するかもしれません。これはまた、教員の卵たちにも当てはまるかもしれないのです。

2.2　この調査の目的

　上記のような文献研究の知見を活かし、この調査では、研究目的を次のように設定しました。

　日本の中等教育における英語教育の現場では、
（1）　ベテラン教員の英語授業に関する着眼点には、どのような特徴があるのかを探る。
（2）　ベテラン教員と教員の卵たちでは、英語授業の着眼点がどう異なるのかを探る。

　つまり、上記の2つの問いへの答えを探ることを通して、「日本の中等教育における英語教育」という文脈の中で、授業実践学の基盤をなす知見を得ようと考えたわけです。

2.3　この調査の参加者

　この調査の参加者は、2つのグループから構成されています。第1のグループは「ベテラン教員」のグループで、関西地方の自治体で、教育庁、教育委員会、公立学校に指導主事や指導教諭[5]という立場で所属し、最低でも13年以上の教職経験と5年を越える指導歴を持つ、合計21名の英語教員から構成されています（依頼対象者は22名で、回収率は95%でした）。彼らの平均年齢は46.8歳（3名は年齢の記載なし）で、本稿の著者と職務上のつながりがあり、その経験から、全員が授業に対して十分な見識を持ち、コミュニ

ケーション中心の授業展開に長けた、いわゆる「授業の上手い」教員であることが確認されています。彼らに対して、後述する自由記述型の質問紙を、依頼書・承諾書とともにメール添付にて送付し、記入後に返送を頂く形式で参加を求めました。また、追加での質問を必要とした場合は、メールにてフォローアップの回答を依頼しました。

　第 2 のグループは、教職課程において英語科教育法を履修している「教員の卵」グループで、関西地方にある私立大学の文学部に所属する大学生および聴講生から構成されていました。総数は 22 名で、おおよそ 1/3 は小学校教員の免許状取得を目指す初等教育専修の学生であり、小学校免許状に加えて中学校の外国語(英語)の免許状も取得するため、当該科目を履修していました。残りの 2/3 は英語・英米文学(文化)および教育学専修の学生で、高等学校と中学校の一種免許状(英語)の取得を目的として受講していました。平均年齢は 20.8 歳(2 名は年齢の記載なし)で、塾や家庭教師等の経験を除くと教職経験はなく、教育実習への参加経験もこの時点では 3 名が有しているだけでした。彼らは授業の一環として、「ベテラン教員」グループと同じ質問紙・依頼書・承諾書を配布され、不参加・撤回の権利を説明されたのち、その場で回答しました。また、追加での質問を必要とした場合は、メールあるいは面談にてフォローアップを依頼する形式としました。回収率は 100%でした。

2.4　データ収集・分析の方法

　データ収集に利用した質問紙は、「英語授業を観察する場合や準備する場合、授業のどこに着目するのか、そしてそれはなぜなのか」を問う自由記述形式のもので、着眼点を箇条書きで記載し、理由を添えるように求めました。今回の分析の対象は、箇条書き部分のみで、理由は分類の際の参考にのみ利用しました。2 つのグループから得られた回答(テキスト)は、それぞれデジタル化され、意味のある単位に切片化され、その後、類似の記述をカテゴリにまとめて構造化するという手法(中嶌、2015)で分析されていきました。切片化とカテゴリ化は、2 名の研究者が独立して行いました。その際、事前に切片化とカテゴリ化の基準を提示していたため、両者の一致度は高

く、前者(切片化)に関しては92%、後者(カテゴリ化)に関しては94%でした。不一致の部分は、両者が話し合い、最終的には同意の上で分析を終えるようにしました。なおカテゴリ化の際に分類が難しいものは「その他」の項目へと集約しましたが、これは全体の2%にしか過ぎず、分類は概ねうまくいったものと判断しています。

3　結果と解釈

　上記の手順で分析されたデータから、ベテラン教員グループで242(平均11.52)、教員の卵グループで109(平均4.95)の切片化された記述が見つかり、そこから合計で13のカテゴリが生成されました。

3.1　結果の要約

　表1は、生成された各カテゴリに含まれている要素例を示しています。その中で(ベテラン)と表示のあるものは、ベテラン教員グループに顕著に確認された要素例であり、一方、(卵)とあるのは教員の卵グループに主として認められた要素例です。各カテゴリの名称に関しては、内容を詳細に検討したのち筆者が単独で命名を行い、その後、もう1名の研究者に確認を求めました。確認の結果、若干の修正を施し、表1のように名称を決定しました。

　表2は、グループ毎の全データ数の合計に占める各カテゴリの記述数とその割合を示す表です。この表から、ベテラン教員グループと教員の卵グループの間に記述量で約2.2倍の違いがあり、メタ的な省察の度合いが異なることがわかります。なお、この量的な違いがあるため、記述数ではなく割合を使って後の解釈を進めることにしました。

　パーセンテージの数値の違いが1.5倍を越えるものは、この表2からわかるように、「学習目標」「授業の構成」「評価・テスト」「テクニック」「発話」「理論との整合性」「学習指導要領との整合性」「教材の利用法」「楽しさ」の9カテゴリでした。このうち、「学習目標」「授業の構成」「評価・テスト」「理論との整合性」「学習指導要領との整合性」の5カテゴリは、ベテラン教員グループの方が着目している割合が多く、中には、教員の卵グループでは

表1　生成された13のカテゴリと含められた要素の例

カテゴリ名称	含められた要素例
1. 学習目標	めあての提示、めあての明確化、めあての共有、めあての強調、めあての可視化
2. 授業の構成	授業の組み立て（パーツ間の連動・整合性）、授業の流れ、技能の統合/バランス
3. 言語活動	文脈・場面の設定、設定の必然性、タスクの必要性
4. 評価・テスト	評価のポイント（めあてとの整合性）、ルーブリックの設定、パフォーマンス・テスト、小テスト
5. テクニック	指示の明確さ、あて方、支援が必要な生徒への配慮（ベテラン）、板書、声かけ、褒め言葉（卵）
6. 発話	教師と学習者の発話比率、生徒の発話量・回数（ベテラン）、教師の英語発話量・回数（卵）
7. 発問	推論や思考・判断を促す質問（ベテラン）、問いかけの多寡（卵）
8. 理論との整合性	SLA（誤りの訂正）や教育心理学の理論との整合性
9. 学習指導要領との整合性	学力の3観点との整合性、主体的な学び、4技能の扱い、訳の扱い
10. コミュニケーション重視の視点	知識量よりもコミュニケーション活動重視の視点
11. 教材の利用法	使用法は適切か、補助教材との関係（ベテラン）、教科書を利用しているか（卵）
12. 楽しさ	喜んで参加しているか、生徒の顔が生き生きしているか、笑顔が多いか（卵）
13. その他	上記カテゴリには分類不能なコメント

まったく着目されていないもの（記述ゼロ）が2つありました。一方、「テクニック」「発話」「教材の利用法」「楽しさ」の4カテゴリでは、教員の卵グループでの着目割合が高くなっていました。

　上記の結果をさらに詳しく分析してみると、ベテラン教員グループが着目している「学習目標」とは、授業の「めあて」の明確化を意味し、授業で学習者が学ぶべき内容をどれだけはっきりと提示できているのか、という視点であることが分かりました。このカテゴリに対して、卵グループからの記述がまったくないという点は注目に値するでしょう。次の「授業の構成」は1つめのカテゴリとも関連しており、「めあて」を明示的に提示し、これが達成できるような指導法を導入し、その達成を確認するというパーツ間の流れ[6]を重視する考え方になります。この際、インプットからアウトプットへ

表 2　グループ毎のカテゴリ別記述数とその全体に占める割合（%）

カテゴリ	ベテラン (n=21)	教員の卵(n=22)	ベテラン %	教員の卵%
1. 学習目標	52	0	21.49	0.00
2. 授業の構成	41	8	16.94	7.34
3. 言語活動	38	18	15.70	16.51
4. 評価・テスト	28	1	11.57	0.92
5. テクニック	20	33	8.26	30.28
6. 発話	16	11	6.61	10.09
7. 発問	13	7	5.37	6.42
8. 理論との整合性	9	0	3.72	0.00
9. 学習指導要領との整合性	8	1	3.31	0.92
10. コミュニケーション重視の視点	7	3	2.89	2.75
11. 教材の利用法	6	7	2.48	6.42
12. 楽しさ	1	18	0.41	16.51
13. その他	3	2	1.24	1.83
合計	242	109		

と流れているかも、着目点になるようです。「評価・テスト」についても、「めあて」との整合性が大切にされています。教員の卵からほとんど言及がないことも特徴的です。

　「理論との整合性」は第二言語習得（SLA）の理論や教育学・心理学の理論に立脚しているかへの注目であり、「学習指導要領との整合性」は、初等・中等教育の現場で拘束力のある学習指導要領およびその関連文書の記述内容と、どれだけ整合性を持った教え方になっているのかを指します。ともに、限られた個人的な経験だけに依拠せず、他に立脚すべき拠り所を持って授業を組み立てているのか、というところに着目していることを示しています。

　教員の卵グループに多い着眼点としては、まず「テクニック」があげられます。これは、教員が授業中にどのような技法を用いるのかを意味します。違いは量の面だけでなく質的側面にもおよんでおり、卵グループは、板書の（字の）書き方、黒板の使い方、褒め言葉や声かけ、目線の向け方などに着目しており、ベテラン教員グループは、指示の明確さ・適切性、戦略的な指名

の仕方、配慮・支援を必要とする学習者への対応などに焦点が向かっているようです。次の「発話」は、授業中に英語をどの程度(あるいはどのように)使っているのかを意味しますが、卵グループではその焦点が教員の英語発話に向かうのに対して、ベテラン教員グループでは、学習者間の発話に向かうところに特徴があります。

続く「教材の利用法」は、教科書や副教材、手製のハンドアウトの利用法を意味しています。まず卵グループは、教科書をきちんとカバーしているのか、提示した教材をすべて使っているのかなどに着目しているようです。一方、ベテラン教員グループは、教科書等をたとえ一部であっても適切に利用しているのか、それらの使用法に「めあて」との整合性があるのかなどに着目していることがわかります。「楽しさ」については、卵グループでは、学習者が楽しんでいるのかという点のみに焦点があてられています。ベテラン教員グループでは、記述が乏しいため、フォローアップで集中的に確認したところ、たしかに楽しさも大切ではあるが、教えたこと(「めあて」の内容)がきちんと定着しているのかの方がはるかに大切だ、と考えている教員が多いようでした。

着目量の全体的傾向には大きな差がない(ベテラン 5.3% vs. 卵 6.4%)ものの、記述内容が質的に異なるものとして「発問」があげられます。ここでは、ベテラン教員グループは発問の質、つまり推論や思考・判断を促す質問をしているかどうかに着目しているようです。一方で卵グループは、質問の多寡という量的側面に着目して、判断している傾向が見て取れます。

3.2　結果の解釈

まず 2 つのグループ間で記述量に大きな差異があったことは、注目に値します。ベテラン教員は、その経験から、概して授業をメタ的に見る視点を持ちあわせているようですが、教員の卵たちは、表面的な事象を捉えることで精一杯の状況にあることが、この差異からわかります。続いて、ベテラン教員と教員の卵では、着目度が逆転しているカテゴリがあることも注目に値するでしょう。このような違いは、ベテランと卵が、同じ英語の授業を見ても異なるものを見ている、ということを示していると考えられます。

　さらに詳しくみると、ベテラン教員からの言及は多いが、教員の卵たちからの言及が皆無、あるいは非常に少ない「学習目標」や「授業の構成」のカテゴリが目に留まります。このことは、「授業のバックワード・デザイン」(Backward Design: Buehl, 2001; McTighe & Wiggins, 2004)、つまり到達点から授業のあり方を考えるアプローチは現場の教員の間に浸透しつつあるが、教員養成課程の段階においては、まだ定着が不十分であることを示しているものと思われます。同様に「評価・テスト」についても、2つのグループ間に大きな差異が認められますが、これは教員の卵グループが、実際の評価活動を経験していないことに起因するものと考えられます。よって、教員養成の課程においては、模擬授業の実施だけではなく、「計画―授業―評価」の一連の流れを体験させる必要があるといえるでしょう。教員の卵による以下のフォローアップでの発言は、このあたりの状況を如実に示しているものといえます。

　　授業の構成といわれてもイマイチ何のことか判らないし、評価もしたことがないので具体的イメージがわかない(ST-3)。

　ベテラン教員の多くが、理論や学習指導要領との整合性にこだわっている点も興味深い現象です。転勤等で教授対象とする学習者集団の特性が変わったり、時代の趨勢により学校を取り巻く状況が変わったり、あるいは問題点の絞り込みに悩む状況になったりすると、経験だけでは解決策を探ることが難しくなります。このような場合に依拠する理論や原則(枠組み)があることの強みを、ベテラン教員はより強く感じているようです。たとえば、フォローアップのインタビューでは、

　　着眼点に鉄板はなく、目的や学習者で変わると思うのです。だから、個人の経験だけに頼ると危ないと思っています。(中略)理論とかいろいろと勉強しないと柔軟さが出ないかもしれません(SS-3)。

　　たくさんのポイントに一度に着目することは出来ないですよね。だから

　　絞り込みが大切になる。この時、理論や指導要領というのは選択肢を狭
　　めるのに役立つように思っています(SS-5)。

のように述べています。
　一方、教員の卵たちは、これらのカテゴリへの言及が少なくなります。彼
らも、理論や学習指導要領を教職課程で学んでいるのですが、その知識を適
用する現実場面がなく、その有効性をまだあまり感じられていないことが、
理由の1つと考えられます。

　　授業(教科教育法)で学んでいる理論とかは、教えることとは別のもの
　　で、今のところ模擬授業をやる時にあまり役に立っていないように思い
　　ます(ST-20；括弧内は筆者補足)。

　教員の卵グループにおける「テクニック」「楽しさ」重視の傾向も注目に
値します。彼らはフォローアップにおいて、たとえば、

　　活動のストックをどんどん増やしていくのが大切(ST-8)。

　　生徒を活発に動かす(カリスマ教師たちの)授業を真似るため、やり方に
　　着目して(い)ます(ST-5；括弧内は筆者補足)。

　　楽しく、眠らさない授業が大切だと思う。授業終わりに「楽しかった」
　　といわれたいです(ST-5)。

　　生徒が声を出している授業は良い授業(ST-21)。

のように述べています。上記より、教員の卵たちは、全体構成よりも部分に
着目してテクニックを「盗む」ことに重きを置く傾向があり、授業の目的や
場面、状況から切り離して、着眼点を考えていることがわかります。同時に
「楽しい」＝「良い」の図式で、定着をそれほど視野にいれていないところ

も注目に値するでしょう。

　教員の卵グループが、「発話」のカテゴリにおいてベテラン教員と質的に違う記述を見せていることも、おもしろい傾向です。フォローアップでは、

　　　とにかく日本語を減らす方法はないかと思って、授業での先生の英語（使用）に着目します（ST-12；括弧内は筆者補足）。

のような発言が複数確認されました。英語による「やり取り」のあり方を、「教授者―学習者」間に固定してしまう教員の卵たちに対して、ベテラン教員たちは、学習者同士による「やり取り」を想定しているところに、柔軟さが見て取れます。この柔軟さと関連して、ベテラン教員たちは、「教材の利用法」において、その適切な（つまり、「めあて」と連動した）活用を大切にしており、隅から隅までやり切ることをあまり重要視していないこともわかりました。

　　　授業は生き物ですから、相手の反応を見ながら、どこまでやるかを決めるわけですよ。その決め方がおもしろくて、（授業を観察する際には）見たいと思っています（SK-1；括弧内は筆者補足）。

　一方、教員の卵たちは、学習者に与えた教材はすべて使い切りたいと考えるようで、

　　　予定の箇所がどうしても終わらないというイヤな経験を（模擬授業で）してきたので、なんとか終えたいです。そのやり方を学びたいと思いました（ST-3；括弧内は筆者補足）。

　　　ハンドアウトを作ったので、全部使い切って目的を果たしたいです（ST-7）。

のように、柔軟さを欠いた教材利用に関する発言が目立ちました。

4 まとめ

　この節では、研究目的に沿って、本調査の結果をまとめてみることにします。第一に、ベテラン教員たちは「めあて」を大切にし、これと「教え方」「教科書の使い方」「評価」の間に整合性を求める傾向があることがわかりました。このことより、彼らは授業設計において、まず「めあて」(あるいは到達目標)を明確に設定し、そこから残りの授業設計を展開する「バックワード・デザイン」を重視する傾向にあることがわかります。

　第二に、ベテラン教員たちは経験だけに依拠するのではなく、これを越えた「枠組み」を持つことを心がけているようです。このような「枠組み」を持つということは、迷いに際しての判断の根拠を持つ、あるいは選択肢を狭める際の原則を持つということを意味しており、未知の状況への対応力を身につけることを意味しています。第三に、ベテラン教員たちは状況をよく把握し、その変化に適切に対応しているようです。つまり、「絶対にこの方法でいける」というようなリジッドな考え方を持たず、状況との対話を通して、臨機応変に教え方や言語活動のあり方を変えているわけですが、これが可能なのは、専門分野の多様な「引き出し」[7]と経験を越えた「枠組み」を持っているからだと考えられます。なお、ベテラン教員は一様に振り返りの量が多いことから、メタ的な省察の視点を身に付けているようですが、彼らのコメントによると、これは(学問的な)学びと経験の両方から習得したもののようです。

　一方、教員の卵たちは、「めあて」や「枠組み」にはあまり関心がなく、テクニックのストックを多く積み上げることが良い授業を作り出すことにつながる、と考えているようです。また、「楽しさ」を優先する傾向も見て取れます。これは「めあて」という規準を明確に持てていないため、より普遍的な「楽しさ」という規準で授業を評価せざるを得ないからでしょう。また、理論的な「枠組み」を授業実践と関係ないものとして捉えているようで、理論と実践の乖離が顕著に認められます。加えて、彼らには経験がまったくない領域(たとえば評価)も存在しており、このため、その領域の重要性を認識することができない状況が生じているようです。その他にも、良い事

例を見る機会が少ないためか、質的な違いよりも、量的な違いに着目する傾向が強く出ているようです。

　上記のような知見に基づき、英語授業のどこに着目しながら改善の議論をすれば良いのか、をまとめたのが表3となります。なお、この表は決して完全なものではなく、常に修正・追加を伴うものとして捉えていきたいと思います。

表3　英語授業における着眼点

1. 単元や毎回の授業の「めあて」を明確に提示しているか
2.「めあて」―「指導法」―「評価」に一貫性があるか
3.「めあて」にあった言語活動を行っているか
4.「めあて」の達成のために教材を選択しているか
5.「めあて」の達成のために教材を適切に利用しているか
6. 楽しいだけでなく「めあて」の達成に焦点が当てられているか
7. 学習者同士の活動に着目しているか
8. 事実の確認だけでなく、思考・判断を促す発問がなされているか
9. 目的や場面、状況に応じて言語活動をアレンジしているか
10. 要支援学習者へ対応をしているか(指示・指名・声かけ・褒め言葉など)
11. 未知の状況に対応できる「枠組み」を持っているか
12. メタ的な視点を持って授業を振り返っているか

　教員養成の課程では、教員の卵たちに表3に示したような着眼点を明示的に提示し、授業観察を行ったり授業計画を立てたりする際に、常に意識させるよう指導する必要があるでしょう。またこれらの視点が、実際の授業でどのように具現化されているのかを示すため、たとえば模擬授業のあとに、ベテラン教員が実際に教えた同一レッスンのビデオを提示し、それから研究協議を行うといった手順を導入する必要もあるでしょう。加えて、経験したことのないものはイメージができない、ということも押さえておく必要があります。たとえば、教員の卵たちは、テスト作成や学期末での評価などを実際に経験することが希であるため、どうしてもその重要性を見過ごしてしまいがちです。また発問でも、思考を促したり、推測を促したりするような問いかけの仕方は、実際の事例をたくさん見ない限り、自然にできるようになる

ものではありません。このような経験のない領域にも彼らの目を向けさせる
配慮は、教員養成の課程において強く求められることの１つでしょう。

注

本稿は、大学英語教育学会第４回英語教育セミナーでの基調講演「今、英語教育に求
められていることは―方向性を見定めるために」(2016 年 11 月開催、於：青山学院大
学)、および大学英語教育学会第 1 回ジョイントセミナー(第 45 回サマーセミナー＆
第 6 回英語教育セミナー) 招聘講演「誰が何を見ればよいのだろうか―英語授業改善
の具体的視点を考える」(2018 年 8 月開催、於：京都府立大学)を基にしたものです。

1 本稿でいう「コミュニケーション」とは、単にスピーキング・リスニングにおけ
   る情報のやり取りだけを指すのではなく、相手を想定したライティングでのコミュ
   ニケーションや、リーディングにおけるテキスト著者とのコミュニケーションな
   ども含む広義なものと定義しています。また、活用とは「生きて働く」という意
   味合いを持ちます。
2 ここでは行為主体性を、学ぶ「目的」と、それを成しとげるために必要な「知識」
   「技能」と、これらを下支えする「意欲」を持って学習に (自ら) 臨む能力と定義し
   ています。この用語に関しては、たとえばYashima(2013)などを参照してください。
3 自己調整については、たとえば Takeuchi (2019)を参照してください。
4 学習ストラテジーについては、たとえば 竹内(2019)を参照してください。
5 ここでいう指導教諭という用語は、主幹教諭、首席教諭などの名称で呼ばれてい
   る指導的立場にいる教員すべてを含む呼称として、便宜的に利用しています。
6 このパーツ間の流れを、「めあて」と「評価」で「教え方」をはさむサンドウイッ
   チという比喩で説明された教員がおられましたが、適切な表現と考えられます。
7 「引き出し」の中には、多様な言語活動を知っていること、言語体系や文化の知識
   を豊富に有していること、言語運用能力が高いことなどがあげられます。

参考文献

Borg, Simon. (2017) Twelve tips for doing teacher research. *University of Sydney Papers in TESOL 12*, 163–185.

Buehl, Doug. (2001) Backward design; Forward thinking. Retrieved from http://weac.org/

articles/read_backwards/

McTighe, Jay and Grant Wiggins. (2004) *Understanding by design: Professional development workbook.* Alexandria: Association for Supervision & Curriculum Development.

文部科学省 (2017a)『中学校学習指導要領』文部科学省 Retrieved from http://www.mext.go.jp/a_menu/shotou/new-cs/1384661.htm

文部科学省 (2017b)『中学校学習指導要領解説（外国語編）』文部科学省 Retrieved from http://www.mext.go.jp/a_menu/shotou/new-cs/1384661.htm

文部科学省 (2018a)『高等学校学習指導要領』文部科学省 Retrieved from http://www.mext.go.jp/a_menu/shotou/new-cs/1384661.htm

文部科学省 (2018b)『高等学校学習指導要領解説（外国語編・英語編）』文部科学省 Retrieved from http://www.mext.go.jp/a_menu/shotou/new-cs/1384661.htm

中嶌 洋 (2015)『初学者のための質的研究 26 の教え』医学書院

根岸雅史 (2019) グローバル化する社会における英語教育—世界の人々との共生と新しいテクノロジーとの共生 『教育最前線』第 3 号, 2-5. 三省堂

竹内 理 (2007) 自ら学ぶ姿勢を身につけるには—自主学習の必要性とその方法を探る *Teaching English Now* (TEN), 第 8 号, 2-5. 三省堂

竹内 理 (2019) ストラテジー研究の「これまで」と「これから」『英語教育』6 月号, 10-11. 大修館書店

Takeuchi, Osamu. (2019) Language learning strategies: Insights from the past and directions for the future. In X. A. Gao (Ed.) *The Second Handbook of English Language Teaching* (pp.683-702). NY: Springer. DOI: 10.1007/978-3-030-02899-2_37

Yashima, Tomoko. (2013) Agency in second language acquisition. In C. A. Chapelle (Ed.) *The Encyclopedia of Applied Linguistics.* Oxford: Blackwell. DOI:10.1002/9781405198431.wbeal0016

明日の授業に向けてのシンポジウム

明日の授業にむけて―今、私たち英語教師にできること

司会　淺川和也
パネリスト　柳瀬陽介(広島大学)
　　　　　　吉田達弘(兵庫教育大学)
　　　　　　竹内　理(関西大学)

　英語教育を取り巻く環境が急速に変化する中で、今、教育の根幹を担う授業の質が問われています。多忙を極める英語教師も多い中、我々は日々の授業に、そして学習者に、どのように向き合えば良いのでしょうか。

　本シンポジウムでは、当該分野を代表する研究者であり本セミナーの講師を務めてくださった柳瀬陽介先生、吉田達弘先生、竹内理先生にご登壇いただき、フロアの皆さまとの活発な意見交換を通して、授業改善に向けた視点を提供できればと思います。まず、パネリストの先生方にそれぞれの講義の補足を兼ねて日々の英語授業を考えるためのポイントをおまとめいただいた後、フロア全体で質疑応答を行います。

　本シンポジウムが、私たちの「明日の授業」にむけた前向きな一歩へのヒント提供の場となれば幸いです。

淺川：柳瀬先生から5分ほどで発題をいただいて、吉田先生や竹内先生とも論語をしながら、やりとりをして対話の場をつくっていけたらよいと考えています。授業研究は、教師、児童・生徒や学生の状況を踏まえてなされます。例えば、よく小学校や中学校の先生方は、児童・生徒さんのつぶやきを拾いながら、授業をつくっていくということをします。他方、授業は社会の状況にも左右されるものです。さまざまに研究をめぐる視点も出し合いながら、ゆたかなシンポジウムになればと願っています。それでは、柳瀬先生、最初

の発題をお願いします。

授業学は当事者研究

柳瀬：私もそうですけど、大学で働いていらっしゃる方はほとんど授業をしていて、授業改善もなさっているでしょう。ですから、おのずと授業学や授業研究に携わっています。ただ、そうした研究のあり方と、自然科学のあり方は異なります。

　本日、私は授業学・授業研究・実践者研究ほぼ同義で使いますが、実践者研究（Practitioner Research）を、「誰」が行うかといえばもちろん実践者（多くの場合は教師）です。ところが「誰のために」行うのかとなると、問題はそれほど簡単ではありません。

　私の考えでは、授業学や授業研究は当事者研究であるべきだと思っています。当事者研究についてはここで詳しく述べる時間がありませんが、北海道浦河の「べてるの家」で始まったこの当事者研究にはすでに多くの本が出ていますのでどうぞそちらをご参照ください。簡単に定義しておきますなら、当事者研究とは、「これまで弱者・困った人としか思われていなかった問題の当事者が、研究者として、自分が抱えている問題を仲間と共に探究する実践」とまとめられるでしょうか。

　当事者研究なのですから「誰のために」となると、当事者つまり自分のために、となるわけです。しかし、一般に学会では、研究は研究者自身のためにするわけではなく、不特定多数のみなさんのためにするもの、と想定されています。つまり、一般化可能性（generalizability）が大切で、一般化された結論（generalization）を出さないと研究ではないというわけです。この研究の一般化可能性と一般化された結論というのはとりあえず便利な考え方ですが、実践者研究を読んで、どこまで一般化することができるかは単純ではありません。というのは、読み方は、その論文の読み手（reader）あるいはその論文を使いこなそうとしている利用者（user）次第だからです。一般化可能性は、読み手や利用者がどれだけ読み取ることができるかに、かかっているわけです。

　この第一の論点である一般化可能性と一般化された結論についてもう少しお話させてください。自然科学の研究では、ある程度、科学的トレーニングを受けた人、一定の知性を持った人ならば、誰でも一般化された結論が把握できるとされています。しかし、人文系の歴史や文学で考えてみましょう。たとえば中世のヴェネツィア13世紀の外交史や、大正時代の文化史に関して本を読むとして、それらのたいていの記述はナラティブであって、そこで得られるものは一般化できる結論(言い換えるなら普遍的法則)ではありません。しかし、ナラティブという点では小説も同じだと思いますが、読者はすぐれた記述から教訓や洞察を得ることができます。読み手は、自分の持っている問題意識や経験値を総動員して読むからです。ここが大きな違いとなります。一般化可能性という概念を、ランダムサンプリングされた標本からの母集団について推測し、誰でも同じ結論を得られる統計的な手続きによる概念としてしか考えないのではなく、読者や利用者がどのように自分なりの一般化ができるのかという概念としても考えると、研究のスタイルは大きく変わってきます。私は当事者研究としての授業学・授業研究では、前者の統計的に一般化された結論(statistical generalization)ではなく、後者の読者・利用者による一般化可能性(reader or user generalizability)に基づいて研究を行うべきだと考えています。[このあたりの論点については「なぜ物語は実践研究にとって重要なのか」という論文(『言語文化教育研究』第16巻12-32頁)や、その内容の一部をやさしく書き直した「私たちは物語から何を学ぶのか」という文章(『ラボ言語教育総合研究所報』Vol.3)である程度詳しく説明しています。両方ともウェブで検索すれば読めますから、ご興味のある方はどうぞご参照ください]。

　第二の論点として、当事者研究としての授業学・授業研究では、「弱さの情報公開」が重要となるということを申し上げます。学術誌の採択には、バイアスがかかっていて、よい結果が出ないとほぼ採択されません。しかし、うまくいかなかったことも含めて、実践者としての弱さを公開するようにしてはどうでしょう。なぜ、どのようにうまくいかなかったのか、というようなことは、実践者研究のトピックになるでしょう。むしろこちらの方がサクセス・ストーリーよりも意義があるとすらいえるかもしれません。

　第三の論点として、授業をどの視点から見るかなどといった当事者(実践者)の主観を受け入れるということが大切という点も申し上げます。私はある地方自治体の教育センターで、中堅の先生を対象とした教員研修のスーパーバイザーとなる経験を3年ほど積み重ねています。小中学校のさまざまな教科を専門とする10名程度の先生方が毎年研修に来られ年間8回程度の研修を行います。その研修では指導主事と連携して、その受講者が選んだ視点を大切にします。授業研究は、なにより受講者のためと考えているからです。もちろん独りよがりの研修を許しているわけではありません。まずは自分自身のために問題を解明する中で、その探究を他人にもわかる形にまとめて、読者・利用者による一般化可能性を高めるようにしています。ですから、できるだけ受講者の意見・視点を出してもらいます。上から細かくテーマを指定することはしません。そして受講者だけでなく指導主事やスーパーバイザーもその受講者の主観に関心を向けていくと、面白いことにだんだんと受講者の主観が変わってくることが多くあります。最初はいろいろ文句を言うだけだった受講者も、話を聞いてもらい対話を重ねる中で、自らが変わってくることを経験します。

　こういった読者・利用者による一般化可能性、弱さの情報公開、当事者の主観の尊重といった点などからも、授業学・授業研究を当事者研究の一種として考えることは、今後、研究のあり方に大きな影響を与えると思います。研究は誰のためかといえば、まずは実践者のためです。実践者論文を読む読者の便益は、万人に共通した一般化された結論ではなく、読者なりに読み解くことで得られるかもしれない一般化可能性で得られます。すぐれた歴史の記述から、あるいはすぐれた小説から多くを学べるように、私たちはナラティブにおける一般化可能性を通じて事例からさまざまなことを学べるからです。研究のトピックとしては、実践者のもつ弱さや主観も大切にします。このような実践者研究は、伝統的な学会の論文の書き方とかなり異なると思いますが、私としては根本的な発想を変えない限り、実りある授業学・授業研究あるいは実践者研究はできないと考えるのでこのような発題をさせていただきました。ご清聴ありがとうございました。

淺川：こういう発題をいただきましたが、いかがでしょうか。

ものの見方が変わってくるとは？

吉田：柳瀬先生は当事者研究における「読者・利用者による一般化可能性」というのをだされました。また、研修会で、参加者の主観が変わってくるともおっしゃったのですが、途中で、ものの見方が変わってくるということはどういうことなのでしょうか。

柳瀬：読者・利用者による一般化可能性というのは、ある文章を読む人が、その文章からその人なりの洞察を得て、その文章には他人の経験したことしか書かれていないにもかかわらず、自分の抱えている問題にも一般化できそうな洞察を得ることができるかもしれないということです。さきほどのエピソードは、それとは少し異なり、教育センターの教員研修受講者が研修をすすめる中で認識が変わったということです。例えば、ある先生は学習意欲という大きなテーマを緩く設定した研修で、最初「生徒を静かに姿勢正しくさせることができないことが問題だ」という発言を繰り返していました。そこで「学習意欲を考える上で、生徒の姿勢よりも他に大切なことはありませんか」と問いたい気持ちは指導主事の方にもありましたが、とりあえずその先生の声に耳を傾けて、その先生の気持ちを理解するために質問を重ねてゆきました。そうするうちに、その先生が考え方を変えていきました。それが「途中でものの見方が変わってくる」の意味です。

淺川：やりとりしながらすすめるわけですね。

吉田：私もそういう見方や考え方の書き換えが起るのが、とても重要だと思うのです。研修会などで互いにシェアする機会がないと、あるいは誰かに読んでもらう機会がないと、自身の考え方の書き換えが出てこないのではないでしょうか。今の状況からもう一歩前へすすめようとすると、自分がどのような見方をしているのか、また、新しい見方とはどのようなものなのか、を分析し、それに気づくことがありますが、それがとても大事だと思うのです。そこで、読者・利用者による一般化可能性を求める場合、「読みの作法」が、いるのか、いらないのかということが問題になります。最初は、他者の経験を、なんでもありの読み方をするのかもしれないのですが、生産的あるいは建設的、その後、ディスカッションをしていくには、何らかのオリエン

テーションあるいは共通基盤を共有していたほうがよいと思います。

淺川：宝さがしのコンパスですね。

吉田：そうですね。地図でもよいですし、コンパスでもよいのですが、何らかの方向性を示すのが学会だと思います。複数あっても良いのですが、どういうオリエンテーションを持っているのかを、表明することが必要なのではないでしょうか。

柳瀬：読みの作法すなわち、読者が一般化可能性をはたらかせるという時に、勝手に読み込んではいけないというのは、まったくそのとおりです。しかし、それは本来、国語や歴史といった人文系の授業で学んでいるのではないでしょうか。小説を読むということは、そこから勝手気ままな意見を引き出すということではありません。歴史は暗記ではなく、歴史をどう読むかです。読みの作法は、本来は人文系の学問で学んでいるはずです。その読み方は、はっきりとマニュアル化はできない素養といったものでしょうが、何が読み取れるか、どこから解釈がテクストから逸脱してしまうのかという、人文的な読みの感覚を、小学校から国語科や社会科(あるいは音楽科や美術科)で養った「読み」の力が読者にとっての一般化可能性をはたらかせる際の基礎的な力になっています。もちろん私は英語科もそのような「読み」の力を育てるべきだと思っていますが、その力が近年ますます軽視されていることを懸念しています。

吉田：思い出したのは、Neil Mercer の研究です。Mercer は、イギリスで教室のディスコースを研究した人ですが、異なる文化における小学校での話し合いのディスコースを観察、分析しています (Mercer, N. (2004). Sociocultural discourse analysis: Analysing classroom talk as a social mode of thinking. *Journal of Applied Linguistics*, 1(2), 137–168)。そして、最も質の高い話し合い、Exploratory Talk と呼ばれていますが、そのような話し合いでは、誰かの見方や発言にただうなずくのではなく、批判しながらも、対案や仮説を出したりしながら、建設的に互いの考えを積み上げていきます。そのようなコミュニティでは、知というものが、集合的にパブリックな形で形成されていくということなのですが、そういう作法をわれわれも身につけていくべきだと思います。

柳瀬：そういう点でいうと、私が昨日の英語講演で述べた［その内容は
JACET Journal No.64 に掲載予定です］意味の現実性・顕在性（actuality）と
可能性・潜在性（potentiality）のバランスが必要です。つまり、織田信長が自
死したという出来事があるとしても、それは何年のことですという actuality
のレベルでだけ答えるのではなく、彼が本能寺で死んだということがどの
ような potentiality をもつのかという探究につなげることが重要です。この
potentiality をどうあつかうか、いかに妥当な解釈をするのかが人文系の読み
のもっとも重要な側面だと思います。

淺川：次に竹内先生、お願いします。

研究の報告と議論のあり方

竹内：私も弱さの情報公開、つまり問題点や失敗の開示というのが、とても
大切だと思います。学術誌の査読をしていてよく感じるのですが、そこでは
良い結果を出したもの、特定の理論や仮説の検証に成功した研究のみが掲載
される傾向がとても強い。そういった研究をたくさん積み上げることも大切
ですが、うまく行かない点、問題点、失敗の教訓を残していくことも大切
だと感じています。これは授業研究にも、いや授業研究にこそ、特に当ては
まるのではないでしょうか。ただそこには、吉田先生が指摘された作法の問
題、つまり実践の報告の仕方と議論のあり方が絡んでくる。授業研究の分野
では、残念ながらまだ失敗を報告して、うまく議論できるほど、柳瀬先生の
おっしゃる「人文的感覚」が成熟していないのではないでしょうか。失敗を
公の場で明らかにするのは感情的対立を招くので、研究会の論議では大抵は
当たり障りのないことを指摘しておき、終わった後で別室に呼んで問題を山
ほど指摘する、などということが多いように思います。授業後の討議の場
では、問題点をその人から切り離して論議する作法の共有が必要です。しか
し、それが十分でないので「こんなことここで言ったら喧嘩になる」という
配慮がはたらく。そうなると、弱さや問題点に関する議論はほとんど公の場
で共有されないということになります。もはや「研究」ではなくなるわけで
すね。

柳瀬：まったくそのとおりだと思います。当事者研究では、「人」と「こと」
をわけるようにしています。例えば、統合失調症のＡさんがいて、時にい
きなりガラスを割るなどの行動を取ったりするとします。その人はさまざま
な理由でそうせざるを得ないわけですが、普通の見方では「人」と「こと」
が一体化したままで、「トラブルメーカーとしてのＡさん」としか認識され
ません。しかし当事者研究でしたら、Ａさん自身（「人」）と問題行動（「こ
と」）をわけます。Ａさんを「問題行動を止めることができなくて困っている
人」とみなします。そこで問題行動という「こと」とは、一体どんな時に
どんな理由で生じるものか…といった研究を、Ａさんも含めたメンバー全員
（広い意味での当事者）で行うわけです。「トラブルメーカーとしてのＡさん」
をどうするかということを、Ａさんを除いたメンバーが考えるのではなく、
Ａさんも含めた全員でＡさんが抱えてしまっている「こと」について冷静
に考えるわけです。「人」と「こと」をわけて、Ａさん自身もこの問題につ
いて考えられるようにしていきます。このように「人」と「こと」をわける
作法が、当事者研究では原則とされています。

　学会誌に載るのは、成功例ばかり、ということですが、失敗が載らないの
は、歴史でいうなら、民主主義がいかに発展してきたかのみを記述するよう
なものです。ところが民主主義がいかに衰退してきたかというテーマも重要
でしょう。もちろん、ただ「民主主義が衰えました。残念でした」というの
では研究ではありません。自然科学のように１つの命題だけに集約できない
ような複合的な出来事を、多面的・重層的に書く力が人文系には必要です。
またそのような書き物があったとしても、それを「話が長いから何を言いた
いかよくわかりません」と読みを放棄せず、「要は○○ってことですよね」
と読みを短絡もしない読み手も必要です。しかし、そういった人文学的な素
養が、最近の英語教育関係者には欠けているのではないかと私は懸念してい
ます。言語教育としての英語教育に携わる私たちに人文系の素養がないとい
うのは致命的な欠陥だと思っています。

竹内：質的研究では関心相関性という考え方があって、自分は、自分の関心
のあるものを見ているということを踏まえるのが研究において大切だという
ことです。例えば、天才の研究をしようとしても被験者がいないことになり

ます。天才は1人しかいないから天才なのであって、そこでどう研究をすすめるかが問われることになります。当事者性は、そのような関心相関性とかという概念と重なるわけですか。

柳瀬：研究者というのは中立で、無色透明な存在だとされるのは問題です。そのようなことはありえないと思っています。自分のカラーを自覚し、なぜ自分はそう思うかということをどれだけ理解できているかというのが、決定的に大切ではないかと思っています。

竹内：最近読んだ学会誌には、replication study というセクションがあって、他でやり直したことの投稿を認めています。そのような試みは、日本の学会では多分、あまりないと思いますがどうでしょうか。

淺川：これまでも教育実践では、多くの追実践はなされていましたが。

竹内：それと同じような、追実践のようなものを加えていくと、厚みが増していくような気がします。

柳瀬：ただ、replication study でも、前の研究と同じ結果が出てよかったということだけだと危険だと思うのです。自分たちが試してみたら違う、ということがあるかもしれません。「前の実験・実践はこのような状況でなされたが、われわれの実験・実践はこういう状況なので、同じ方法でも状況が違うと結果は異なった」というのも貴重な報告です。再現性は自然科学では必須かもしれませんが、自然科学とは比較にならないほどの複合的な事象をあつかっている人文系で再現性を目標にするのは問題だと私は考えています。

吉田：再現性というよりも、何がどう影響するか、文脈を明らかにすることですね。

研究方法・対象の問い直し

柳瀬：文脈や問題の認識も、エモーションとは無関係ではないはずです。われわれは人間の研究をしているのですから、エモーションというトピックを受け入れることがとても大切だとも思っています。

吉田：情動は、海外の教師教育研究をみると、すでに学術的な対象になっていると思います。一人ひとりの多様性を尊重するように教育現場ではなって

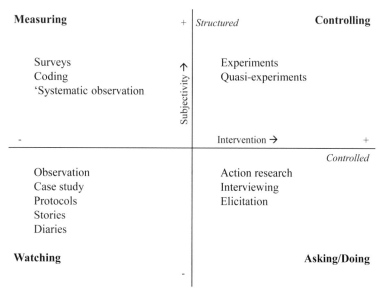

出典：van Lier, L. (1988) *The classroom and the language learner.* London: Longman. (p.57)

きていて、学校生活や勉強においても認知的な側面のみならず、エモーションも大きく関わっています。

　しかし、言語学習や言語教育の情動的側面と認知的側面は境界線が引きにくいことがあります。レオ・バンリア先生による研究の分類（van Lier, L.1988. *The classroom and the language learner.* Longman）は、研究方法について概説した古典ですが、そこでは、測定（measuring）、統制（controlling）、観察（watching）、アクションリサーチ（asking/doing）という軸で、研究者が実践の現場にどれぐらい介入しているのか、によって研究のタイプを分類していますが、このシンポジウムで私たちが議論している practitioner research は、どこ位置付くのでしょうか。伝統的な研究方法の枠組みで、私たちがしようとしていることを、うまくとらえられるのか、疑問に思ってしまいます。

　私たちが practitioner research でやろうしているのは、例えば、ストーリーやナラティブ、ダイアリーズも使うと思いますが、そういった教師の声をデータとして使っているのか、あるいは、ナラティブの語り手がもっと研究に関与していて、研究者による「統制」がプラス、マイナスというような軸

の上に収まりきれるものなのか、そういった問題に直面します。

　また、practitioner research には、研究者と授業者、あるいは、授業者と児童・生徒・学生が、互いに共感的な関わり（engagement）をもつかどうか、という軸が必要だと思います。つまり、その研究が誰のための研究かと問われると、それは、for practitioner といえるかどうかという、もう1つ軸を加える必要がでてきそうです。

　私の勤務校の大学院では、小学校、中学校、高校の現職教員を院生として受け入れており、私自身、学校で様々な困難に直面する先生方と一緒に勉強してきました。そこで、practitioner research に取り組んでいるわけですが、その際、practitioner research の何をどこまで公にするべきなのか悩みます。教師の声を、あるいは、教師が目の前に抱えている子どもたちの声を公共化していくということは、研究の1つの役割だと思いますが、一方で、倫理的な問題があります。うまくいかなかったことから学ぶべきだという論議がありましたが、プライバシーを保護したとしても、そういった研究を公にする点に難しさがあります。しかし、私たちが、論文や研究発表という形で、研究を公にすることによって、同じような課題を抱える実践家たちをエンパワメントすることにつながったり、属しているコミュニティを少しでも豊かにしたり、あるいは、一緒に実践研究に取り組む仲間を増やしていくことにつながるとよいと思っています。ですから、研究者は、「上から目線」ではなく、実践のコミュニティを豊かにしていくために、実践家たちの声が抑圧されないように仕事をすべきではないと考えています。

　今回のセミナーでは、Judith Hanks 先生が、ご自身がかかわる Exploratory Practice（EP）について、いろいろと紹介してくれましたが、その中で出てきたジョンとかミャオの話から、われわれが学ぶことは実に多いですね。Judith 先生がいなかったら、私たちは、ジョンとかミャオからは学べなかったわけで、Judith 先生が彼らの声を引き出したともいえます。遠いリオで開催された EP の会議のことを、日本にいる私たちにも、Judith 先生がパブリックにして下さったおかげで、学ぶことができたわけです。研究に学び手の視点や声がないと、研究者の仲間内だけの話なってしまいますが、EP は、学び手の声、教師の声、practitioner の声をパブリックにしていくことで、コ

ミュニティを豊かになっていくと思います。

　ただ一方で、何をパブリックにしていくのかということが、常に問題になります。これは、竹内先生からあったこととも重なりますが、一般化を目指す研究というのは、やはり結果の一般化を生み出すわけで、多様性を切り捨ててしまう可能性もあります。私たちは、むしろ柳瀬先生が話したように、人文学的な知のあり方、見方、方法論を共有するのがよいと思っています。例えば、EPでは、フリースクールでは何が起こっているか、現場、ローカルでの多様性を追究していました。最初からある学校教育に対するある見方を、フリースクールに当てはめるのではなくて、現場での見方、身のこなし方をわれわれが共有した上で、実践を論じてみたり、共有してみるのがよいのではと思ったりしています。

　そうなると、アカデミック・コミュニティが変わらないとだめだとも強く思っています。私は、修士論文を書くという指導をしていますが、学生が論文を提出したのに審査に通らないというのでは困るわけで、一定のアカデミックディスコースに沿ったフォーマットで書くことをかなり強く指導します。以前、提出された論文の中に、ネット上に保存したビデオデータにリンクを貼って、視聴できるものがあったのですが、修士論文は印刷製本して提出することになっていて紙媒体でないと受理されないわけで、その部分は書き直しになりました。そのぐらいは許容範囲でしょう、と思ったのですが。

マルチモーダルな作法

　Judith 先生のお話にあった論文を漫画で執筆するというのは、極端な例でしょうが、そのようなマルチモーダルなやり方、作法が可能になった今、アカデミズムそしてアカデミック・コミュニティが、そういった新しいフォーマットを受容し、変わっていくことが求められます。さきほど、研究が、practitioner research のコミュニティを豊かにするということをいいましたが、同時に、私は学会が変っていくことをも期待しています。

淺川：教師による実践記録は、ずっと前からありました。ガリ版で刷ったものをサークルで共有していました。ただ、それをアカデミズムから位置づけ

ることは難しいかもしれません。

吉田：そうですね。多くの学術誌で実践報告と研究論文にわかれています
が、実践報告とされるものにも研究論文としての価値があるものもあると思
います。実際、そのような区分はすべきなのかと疑問を持ちます。

柳瀬：公開をすること、プライベート・リサーチをパブリックするべきかに
ついて発言します。授業学・授業研究は、誰のための研究かという問に対し
て、私は、研究をしているその人のためだと答えを出しました。当事者のた
めというのが第一義なら、研究をパブリックにするのは、当事者の利益にか
なう限りにおいてするべきです。パブリックにするかどうかというのは、当
事者の判断だと思います。ただ、パブリックの度合いを多くすれば多くす
るほど、そのコンテクスト、その当事者が投げ込まれている文脈を、他にも
わかるように書かなければならないので、それだけ自己省察が必要になりま
す。ですが、そうした省察によって、当事者も多くのことを学びますので、
当事者がパブリックにしてかまわないと自然に思っているなら研究はパブ
リックにするべきだと思います。ちなみにこの研究の公開を促進するという
点で、当事者研究は同じ精神医療のオープンダイアローグと性質を異にして
います。

　当事者研究では、弱さ、つまり自分の問題や失敗を公開しているのは当事
者自身です。これは一種の言語行為(スピーチアクト)でもあると思います。
例えば、1960年代にジェームス・ブラウンという黒人歌手は、"Say it loud! I'm
black and I'm proud." と歌い上げました。その当時の差別意識・タブー意識
を逆手に取るような発言です。これは大胆な言語行為です。世の中を変える
ための、因習に対する挑戦です。当事者研究における弱さの情報公開もこう
いった言語行為に発展する可能性ももっています。しかし、弱さの情報公開
は決して周りが強いるものではなく、本人が無理なく自発的に行うものとい
う原則は堅持する必要はあります。

　それから、アカデミック・コミュニティが変わるべきだ、というのは賛
成です。MITのメディアラボで1990年代に所長をしていたネグロポンティ
は、従来の "publish or perish"（論文を書くか、学者を辞めるかのどちらかだ）
という言い方を、"demo or die" にしました。工学系の研究所なので、論文を

書くよりも、実際に動くものをデモンストレーションで示すことの方が重要だというのがその趣旨です。最近、そのメディアラボの所長には伊藤穰一氏が就任しましたが、彼はその標語を "deploy or die" 最後には "deploy" にしました。工学研究者は一回限りのデモンストレーションに成功するだけでは不十分で、自分が作り出したものをある程度の規模で配備・実装して動かさねばならない、というのが彼のメッセージです。理屈よりも実物、実物よりもそれを用いた実践の方が大切だという流れができています。

吉田：工学の人たちがまず動く物をつくってというのは、目的にかなっているからですよね。設計よりも動く物を、ということですが、その分野に共有されている認識論よって、研究のあり方が違ってくると思いますし、当然ながら、その研究の結果を誰に向けて公開するのかにも変わってくると思います。たこつぼに入ったままの狭いコミュニティがよいわけではないのですが、アカデミック・コミュニティが変わるには、もしかすると認識論の多様性のなさも問題なのかなと思います。

柳瀬：複数の認識論を理解して使いわけることができることが人間の成熟であり、それこそが多文化共生を可能にするのではないでしょうか。複数の認識論を理解して、できればそれらを使い分けながら実践することです。仮に実践するのが難しいにせよ、複数の認識論を理解するということは、教養の欠くべからざる要素だと思います。

多様なオプションによる研究公開

竹内：たとえば外科の分野では、世界に向けた公開手術のような試みがなされているように聞いています。それと同じように、授業を世界中に配信・公開するということは、今の技術だと、しかも英語だと、まったく問題なくできます。それを１つの産物として業績にしていくということも、可能になると思います。私の勤務先で15年ほど前に大学院を設置したとき、修了時の成果物として論文以外のオプションを認め、教案のコレクションや開発した教材を CD-ROM に焼いて出しても良いことにしました。侃々諤々の議論もありましたが、その審査基準もなんとか作成し、共有しました。論文以

外の成果物でも修士号が取得できるというように、流れは少しずつ変わってきています。多分、問題なのは、私たちの側であって、世の中では変化を受け入れる土壌は出来てきているのではないかと思います。多様な体裁があっても、中身が良いものなら、おかしいと考える時代ではない。こうなると、授業を公開して、検討したことを記録に留め、共有し、業績として認めることがあっても何も問題がない。問題にしているのは、アカデミアの側なのでしょうね。もちろん評価に際しては、規準（のりじゅん）や基準（もとじゅん）の設定が必須でしょうが。

吉田：論文にたいする審査において、その標準、基準をどうするのが問題ですね。さまざまなフォーマットで、どのように記述できるか、成果をどのように見るのかを知りたいです。

柳瀬：工学系でのように作動優先とすれば、英語教育関係者がeラーニングのソフトを開発しそれを問題なく実装化したことは大いに評価されるべきです。そのように実装化しても、論文を書いていないとだめだというのは、時代や社会のニーズに合致していないのではないでしょうか。授業研究でも、ビデオを使うことが当たり前になったら、なかなか言語化できないことも伝えることができます。映像つきの論文というジャンルは認められるべきかと思います。

　そうはいっても言語化は重要で、何もかも映像ですませてしまおうというのは知性の怠慢です。授業研究では、環境や状況を詳細に記述することが大切です。コンテクストの詳細な記述のない質的研究は意味がないでしょう。質的研究では、参加者や環境に関する記述の分量が多くなります。ここで実験研究を規範とした学術誌のページ制限が足かせになってきます。学術誌は、少なくとも質的な記述を含む研究に対してはもっとページ数を増やす（あるいはクラウド上での記述やデータ掲載を許可する）といったことを認めるべきではないでしょうか。学術誌を管理運営し、研究を審査する側の判断に成熟が求められます。編集長と査読者は、自らがもっている権力の大きさを自覚し、時代の新しい要請について対応する必要があります。

吉田：査読にあたって、その論文にふさわしい作法にのっとって、読むことができればよいのですが、客観的な規準が問われることになります。また、

フォーマットについても、どのようなものがよいのか、そのコミュニティでの合意が必要になるでしょう。

柳瀬：結局は実現しませんでしたが、査読を完全にオープンにする学術誌をあるところで私は提案しました。第1稿が送られてきたら、査読者1は誰であるか実名を出してその人がどのようなコメントをしたかもオープンにします。次に、査読者2も実名を出してコメントをしますが、それらのやりとりをすべて公開します。やがて論文の決定稿ができあがりますが、それにも執筆者だけでなく査読者の名前を掲載します。言い換えるなら、査読と書き直しの過程を、あたかも互いに顔をあわせて行っているように二人称的な関係ですすめるのです。現在の匿名制度のような三人称的な関係ではなく、二人称の関係で、それぞれが自らの人格をかけて査読するような学術誌があってもよいと思います。もちろん、複雑な人間関係が絡む際は、査読の拒否もできるなどの細かな配慮は必要ですが。

竹内：レビューをダイアログによって協働構築としてすすめていくわけですね。分野によっては、すでに始まっていると思います。著者と査読者がやりとりをして最終プロダクトがつくられ、最終プロダクトには著者と査読者の名前が堂々と書いてある。また、どのようなやりとりが行われたかということも詳細に書いてある。これはとても良いことだと思います。ただ、このような協働作業という行為は、良好な人間関係や互いの信頼感がもとになるので、コミュニティが大きくなると難しいかもしれません。

淺川：ありがとうございます。身につまされるようですが、JACET における学会誌のあり方とか、JACET 賞への示唆をいただきました。竹内先生、お願いします。

授業研究をすすめるための視点

竹内：ここでは授業研究を推しすすめるために有用な幾つかの視点、あるいは枠組みについて、お話してみたいと思います。皆さん、この人が誰かわかりますか。エドワード・アンソニー(Edward Anthony)という人物です。彼の写真は、ネット上でもこの写真ぐらいしか存在していませんでした。1960

年代から 70 年代後半あたりまで活躍したピッツバーグ大学の教授で、言語教育の専門家です。名前はあまり知られていませんが、アプローチ、メソッド、テクニックという用語なら、多くの方がご存じかと思います。これらの用語を、言語教育学の分野で確立した人物です。アプローチは、授業に関する原理とか哲学とかいうような上位に位置する考え方、あるいはものの見方です。メソッドは、そのアプローチの中での系統だったすすめ方で、テクニックは、そのすすめ方の中で具体的に何をするかという技法のことです。ジャック・リチャーズ先生 (Jack C. Richards) もこの 3 つに類別しているので、よく知られていると思います。アプローチ、メソッド、テクニックの 3 つのレイヤーと相互の関係性を踏まえながら、誰が、誰に対して、何をしているのかを、それぞれのレイヤーで考察すると、授業がよく見えてきます。たとえば、アプローチにおいての「誰が」を考えると、教員だけでなく、多くの人が関与していることが、昨今の英語教育に関するメディア上での言説などを見ていると、容易にわかると思います。

　2 つ目は、マクロ、メゾ、マイクロの異なるレベルから授業をとらえる視点です。これは私の恩師の 1 人であるレオ・バンリア先生 (Leo van Lier) の考え方です。残念ながら彼は 5 年程前に亡くなられましたけども、彼が提唱した Ecology of Language Learning の枠組みでは、授業というものを教室に限定せず、より広義に考えます。授業というものは真空状態に存在するのではなく、社会の中にあり、影響を与える様々な要素も授業の中に含んで考えるというわけです。これがマクロのレベルですね。次にメゾは文脈と個の間にあるもので、学校であったり、学年であったり、教師集団であったり、カリキュラムや教科書であったりするでしょう。そして、マイクロでは、個々の授業で起こることに焦点を当てることになります。通常の授業研究では、このマイクロの部分のみを取りあつかうことが多いように思いますが、もう少しマクロやメゾの部分も含んで授業を考えると良いかもしれません。ただ、どこに焦点をあてるかで議論が異なり、研究協議の際に話が噛み合わなくなるので、どこを焦点化するかまず宣言をしておくと良いですね。

　3 つ目は、認知 (cognition) や情動、つまりエモーションズ (emotions)、そしてメタ認知 (metacognition) という側面で見ていく視点です。ジマーマン (B.

Zimmerman）らのいう自己調整学習（self-regulated learning）の枠組みの教師版といってもよいかもしれません。この3側面のうち、エモーションズの研究が昨今盛んになっていますが、emotion と単数ではなく emotions と複数形の"s"がついていますので、いくつもの構成概念がこの側面では取り扱われることになります。日本では、不安（anxiety）や動機減退（demotivation）を中心として、この情動をネガティブにとらえた研究も多いようですが、海外における研究では、「楽しさ」（enjoyment）や「幸福」（well-being, happiness）というポジティブな概念が盛んに取り上げられています。いわゆるポジティブ・サイコロジー（positive psychology）と呼ばれる領域の成果で、セリグマン（M.E.P. Seligman）やチクセトミハリ（M. Csikszentmihalyi）らが口火を切った研究領域です。教育学にもこの流れは確実に現れており、不安ばかり考えるのではなく、楽しい、嬉しいというポジティブな側面から授業を研究するという考えがあって良い、ということになります。最近の研究では、学習に与える影響は不安より「楽しさ」の方が強力であるとか、不安と動機の高まりは表裏一体の関係ではなく、不安でありながらも「楽しみ」を感じられるような状況があるとの指摘もなされており、情動あるいはエモーションズをポジティブにとらえた研究が盛んなる兆しが見えています。加えて、教師のメタ認知、つまり「めあて」の設定、授業への反映、そしてその振り返りの側面、さらには、それに基づく実際の教授行動、つまり認知の側面も、授業研究で取り上げられると考えられます。そして、これら3つ、つまり認知、情動、メタ認知は決してバラバラではなく、エコシステムとして有機的に関連をして影響を与えあっているというわけです。なお、こういった内容は、教師認知（teacher cognition）の分野でも盛んに取り上げられていることはご存じの通りかと思います。

　ここまで説明してきた3つの視点をまとめると、授業というのはエコシステムそのもので、教室の中で起こっていることだけで完結せず、表面的な事象だけで完結せず、また教師と学習者以外にも、さまざまなステークホルダーの、様々なレベルでの関与があって成り立っているということがわかります。さらに言うならば、教師の中でも、メタ認知や情動、認知といった様々な要素が渦巻いているわけです。しかし全体像を一気に取りあつかうのは難

しいので、どうしても一部を切り出して議論することになりますが、その際でも、有機的かつダイナミックな関係を常に意識していく必要がある。上述の３つの視点は、興味の焦点が時代とともに変わってはいるけれども、いずれも重層性やその相互の関係性が大切で、目の前の事象だけを近視眼的に見るのでなく、一歩引いて全体像を眺める必要性を指摘しているのだと思います。

淺川：ありがとうございます。有機的なダイナミックな関係としてとらえるのだと、思いますけれども、皆さん、いかがですか。

見つめるのではなく、眺めてみる

柳瀬：コグニションだけでなくてエモーションあるいはエモーションズが大切だということ、さらにはメタコグニションも大切だしエコシステムも視野に入れなくていけないということはまったく同感です。当事者研究では、「見つめるよりも眺める」ことがよいとされます。「これはなんだろう」と凝視してしまうと私たちの視野は狭くなり見方も固定化してしまうことがあります。そんな時は、見つめるのではなくて、眺めてみる。大局観をもつことが当事者研究では、とても大切です。細部に拘ってしまえば、現実世界の問題へのうまい対応はできないということです。

淺川：愛でるってことですか。

柳瀬：愛でるというのも１つの言い方だとは思います。マクロ、メゾ、マイクロのレベルを区別して、自分の授業がうまくいかないというマイクロの問題に対してでも、文化背景や社会といったマクロのことまで考えるようにします。

竹内：マイクロレベルの事象でも、マクロやメゾと無関係ではないわけです。たとえば、教室内でのスピーキングの活動であっても、昨今の４技能重視の流れなど、マクロレベルの影響は確実に出るでしょう。しかも、メゾレベルとして学校のカリキュラムがあるので、英語の授業はこうしてもらわないと困るというような制限もかかります。つまり、マイクロレベルのスピーキングの授業で起こっていることは、そのレベルだけを見ていてもうまく説

明が付かないことがあるというわけです。そういうことをよくレオ（Leo van Lier）が言っていたことを思い出します。当時、より具体的な、マイクロなことのみに着目していた私は、彼と授業中にだいぶやりあったのを覚えています。今になってみれば、レオが言っていることが正しいと思えてきて。こうして、自分の弱さを見つめていくことが自己の成長につながるのだな、と実感しています。

吉田：教室でのさまざまなことが授業に影響します。例えば、子どもたちの家庭のこととか、あるいは校外の生活とか、授業の前に起こったことなどが、さまざまに関係しているというのは、自明のことです。例えば、ある授業を参観したとき、生徒たちがグタッとなっていたことがあったのですが、実はその前の時間が体育でプールの授業だったということがありました。実践家は、こういうエコロジカルなとらえ方を常に頭に入れて動いているように思います。しかし、時折、「おまえは態度が悪い」と決めつけてしまう先生もいます。自分は、生徒たちの振る舞いを、一体、どのレベルで理解しようとしているのかをエコロジカルな観点で俯瞰的にとらえる見方を現場も共有すべきだと思います。

竹内：こういう考え方を共有していれば、自分がある形式の授業をするのに、そうしなければならない理由を考えることができ、場合によっては、マクロレベルに責任を転嫁することもできると思います。つまり、マクロレベルではこういう政策があるからこのような授業形式がミクロレベルで求められていると自分を納得させ、学生・生徒に接することができるようになるわけです。同じように、授業での様子だけを見て「何をぼっとしているの」と生徒を叱責したくなっても、俯瞰すると、どのレベルでこの生徒の様子をとらえているのか、もう一度見直してみるという機会が提供されるわけです。俯瞰的に見ることはそういう大きな利点がありますね。ただ、あまり状況が分からない立場で授業観察に入る場合などは、授業後の研究協議ではマイクロの部分だけに焦点をあてて議論し、マクロやメゾな部分には軽く言及するだけに留めるようにしていますが。

淺川：そういう救いが欲しいですね。もう少しどうですか。それで大体 5 分でと思いましたけど、もう少しあります。5 分で発題を、そして 10 分ほど

のやりとりということで、フロアからいただいたフィードバックも発言のなかに含んでいただいてすすめるということでよろしいでしょうか。

絶対的な真理はない

柳瀬：念の為、私の基本的な考えを再確認させていただきますと、私は絶対的な真理というものはないという立場です。より正確に言えば、絶対的な真理が仮にあったとしても、人間の認知能力ではそれをあつかえないだろうというカント的な考えということになりますが、まあ、少し乱暴に翻訳してしまえば、人間が絡む複合的な出来事に対して、1つの物差しだけで万事が解決することはないということです。となりますと評価方法も複数必要だと考えています。1つの評価方法で、すべてを判断してしまうのは危険です。学生が獲得するある民間英語試験の得点だけで、大学英語教育の成果を判断するというのは、暴力的な知的怠慢です。ですがもちろん複数の指標を賢く使い分けながら成果を判断することに対して私は反対しているわけではありません。

淺川：ありがとうございます。吉田先生。

二人称的アプローチ

吉田：いろいろコメントありがとうございました。今日は研究者と授業者のリフレクションにおける二人称的アプローチについて話をさせてもらいましたが、これは教師と生徒、生徒の間にも成立するのですかという質問をいただきました。本質的に、教師と生徒の関係は二人称アプローチで成り立つべきだと思います。そこで、振り返りでも学習者、児童、生徒を一緒に巻き込むことができないかと思っています。私の研究では、授業者と授業の参観者の間で行ったリフレクションを分析したのですが、それだけだと、もう一人の大事な practitioner としての生徒の存在を欠いてしまっていることになります。できるなら、生徒も参加して授業の振り返りができないかあと思っています。すでに、している方がいらっしゃったら、教えてほしいとも思いま

す。

淺川：よろしいですか。ありがとうございます。竹内先生。

教員養成のあり方も

竹内：今回のシンポは授業研究そのものが中心なので、今まで取りあつかえませんでしたが、教師の卵が今日あつかわれたような知見を深めるために、教員養成のあり方というのも変えていく必要があるかと思います。教えるというアート、つまり技は、しっかり時間をかけないとなかなか育たない。また十分な知識・技能の裏付けも必要でしょう。きわめて専門性が高いはずなのに、そのような育成の方法になっていない。現場に出ればなんとかなるという考え方は、危険なように思います。たとえば医者の養成では、6年もかけて専門性を育成し、卒業後にも、前期研修2年、後期研修3年と、さらに5年間かけて指導下で研修を受けてやっと独り立ちさせていくわけです。教員もその専門性を考えれば、もう少し長い期間をかけた、系統的な育成システムが必要ではないかと思いますし、教員自身もその専門性の高さに気付いて、一生学び続けるような矜持を持つべきだと思います。大学の教員養成は、専門的な知識・技能の側面に加えて、一生かけて学び続ける際のスタンスや方法、そしてそのネットワークを提供するということにも思いを馳せた方がよいと考えています。

淺川：ありがとうございます。

フロアから

淺川：質疑というよりは、フロアの方にも発言いただきたいので、先生方からの応答はできるだけ短くしていただき、フロアに振りたいと思います。

質問者A：とても興味深く、拝聴しました。質問といったらよいのか、もしかしたら私が思っていることをここでお話しすることになるかもしれませんが、2点あります。

　誰のための研究かということは、とても重要です。自分が博士論文を書く

にあたってした研究には、何人も現職の先生方の参加を得ました。はじめは研究のためだったのですが、現職の先生方が、私に語ってくださった内容が、それぞれとても濃くて、研究というような枠ではとらえることができない、というように思えてきました。私にとって、自分の研究より、目の前の先生方の方が大切になってしまったぐらいで、すばらしい語りでした。博士課程におりましたので、データを定量的にコーディングするようにしたのですが、先生方との関わりのなかで、できたのだと思っています。論文のなかで、データが出てくるわけですが、博士論文は、英語で書いたので、先生方がお話してくださったことを英語に翻訳して所収しました。もちろん先生方には承諾をいただきました。その後、一般の書籍として出版する際に、元のデータをウェブなどで掲載したらどうかということが出版社からあって、同意書があるとはいえ、英語で書かれた博士論文と日本語でウェブとかに載るというのでは、意味合いがまったく違うわけで、再度、先生方に聞いてみると、掲載をやめて欲しいと言われた方もいまして、とりやめにしました。どういうデータを、というか声を、どこまで公開するか、データのあつかいが変わってくるという経験をしました。

　あと、当事者研究ではその研究に参加した方の背景をとても詳しく記述すると、柳瀬先生からありましたが、それと同時に、最近は、質的研究では、研究者がどういう立場からデータを見ているのか、自分の立場を明らかにするようにします。論文を読む読者に対して、また自分の研究に参加してくださっている方に対しても自分の立場を明らかにするようにします。研究に参加している方が自己開示してくださるのに、自分も自己開示するのが、礼儀ではないかとか思っています。いわば研究者としての再帰性です。2つのことに関してはどのようにお考えか、お願いします。

調査協力者との関係

柳瀬：最近は、調査協力者に多大な迷惑をかけながら研究者が業績をかせぐ収奪型調査の罪について指摘があります。何のための調査かという基本を忘れてはいけません。基本はシンプルに "Do not harm"—関わった人に害をな

さないこと、嫌なことはしないこと―です。それから、自分がオーサーとしてどのような立場かというのは明らかにすることが原則ですが、リサーチ・クエスチョンによっては最初のうちはそのことを明かさない場合もあるかもしれません。それは研究者のためというだけでなく、研究協力者のためでもあるというのが前提ですが。

吉田：研究者の再帰性の問題は、本当に難しいというか、悩ましいところがあります。数年前に書いた現場の先生との論文では、最初はその人が書いた教室でのいわゆるクリティカル・インシデントに関するナラティブを、私が分析、解釈するものでした。当初、協力してくれた先生を、研究への1協力者としてあつかっていたわけですが、論文を書きすすめて行くにつれて、これは、私の声ではない、自分1人の仕事ではないという思いから、ご本人と編集部の了解をいただいて、その先生との共著としました。もちろん、論文に出てくる生徒たちのプライバシーは守りました。また、私がどのようにその方の教室の出来事にかかわるかということも誠実にお話しし、そういう見方に同意してもらった上ですすめた研究ではありましたが、研究の中で明らかになったことを、どこまで詳述するかというのは、そのケース、ケースで違っています。自分は教室での学習や出来事をこういう立場から見ているので、それを了解してもらった上で、参加しもらっているつもりではいます。

竹内：量的研究であれば、個々の研究を束ねてメタ分析ができるので、データを公開することには大きな意義があります。また個々人の反応が、平均、標準偏差等の形でサマリー形式となるので、公開してもあまり問題がないように思います。一方、質的研究というのは、その研究をしている人が持つフィルターを通して行うものであり、オリジナルデータを公開するというのは、その研究者を通り越すことになりますね。研究者との人間関係を通して参加者が自己開示をしてくださっているのですから、また、研究者という解釈のフィルターが（質的研究では）重要な意味を持つわけですから、データをそのまま公開することには、ためらいを感じます。だからといってブラックボックスにするわけにもいきません。信用性（credibility）や確証性（confirmability）を高めるためには、データを生のままで公開するより、むしろ報告の際に厚い記述（thick description）に努め、「なるほどそうだ」と言わ

せるように信憑性（dependability）＊を高める方があるべき姿のような気がします。

＊ Lincoln, Y.S., & Guba, E.G. (1985). *Naturalistic inquiry*. Newbury Park,
CA: Sage.

研究の視点・学術誌のあり方をめぐって

　もう1つ、記述の問題ですが、調査者や文脈について微に入り細に入り記述するのは良い習慣だと思います。キース・リチャーズ（Keith Richards）も書いていますが、自分、つまり調査者や実践者はどういう人物で、どういう背景をもち、どんなきっかけでこの研究や実践をはじめ、どういうものの見方をしているというところまですべて書いて、はじめて研究者のフィルターを認めた質的研究になるわけです。文脈についても、その影響を考えれば、徹底的に記述していく必要があります。そうしてはじめて読者は結果や報告を解釈できるようになります。従って、質的研究はもちろん、授業研究においても、調査者や文脈についてはしっかりと書き込む必要があると思います。
淺川：あと15分。2人程度だと思いますが。いかがでしょうか。今、大学院で研究されている方でヒントがほしいという方とか。
質問者B：竹内先生が学術誌には成功例が多く、失敗とか、弱さを記述したものがないとおっしゃられていましたが、本当にそうなのでしょうか。私は人間というのは、失敗からたくさん学んでいると思っています。論文としても、このようなことで失敗した、というものがあれば教育的意義もあると思います。そういったものが、今後、ますます世に出てくるような機会があるかどうか、うかがいたいです。
淺川：弱みが強みであるはずですが。
竹内：限界点、つまり limitations とか caveats を認め、それを明確に書いている論文は多いのですが、これはあくまでも自分の結果の正統性を崩さない範囲であって、こんな失敗をしてダメになったとか、予想した結果が全然出なかったとか、そういうスタンスでしっかりと書いている論文は、私の知る限りでは見たことがないです。啓発を目的とする論文の中には、「こ

うすると、このような失敗をすることになる」と、あたかも自分は失敗したことがないかのようにアドバイスをしているものは幾つかありますが、失敗、あるいは試行錯誤の過程を如実にみせてくれるような論文は寡聞にして知りません。結果が出てから後付けで仮説を考える、いわゆる HARking (hypothesizing after the results are known) などという行為もあるぐらいですから、この publish or perish のご時世においては、失敗の過程をちゃんと記述すると言う行為はあまり受け入れられるものではないのでしょう。これから失敗も報告するという風潮が広まっていくためには、まず作法が要ると思います。失敗を受け入れ、プロダクティブに転化するという作法の共有が必要ですね。何を解明する予定で研究や実践をはじめて、どのような失敗をしたのか、そしてその失敗から何を学ぶのか、というような失敗時も報告のできるフォーマットがないと、なかなか論文や実践報告にして書けないと思います。私自身も、時に学生たちに自分の失敗の話をすることがあるのですが、公の場で上手く公開できるかというと、あまり自信がありません。

吉田：少し文脈が違うかもしれませんが、ナラティブ研究では、成功事例ではなく、むしろ、当事者が抱える葛藤を描写して、その人がどのように変容したかを記述するものもあります。その人が置かれている環境だとか、関係性を明らかにし、その人の葛藤がどのように生まれ、その経験からその人がどう変容したかが語られます。「失敗から学ぶ」という話につながらないかもしれませんが、他人の経験についての語り読むことで、自分の経験を振り返ることができると思います。

柳瀬：失敗について書くのには作法が必要だということは、まったくそのとおりです。ただ「こうしました。ああしました」といった記述だけでサクセス・ストーリーを語っただけでは、多くは学べません。よいナラティブはよい書き手を作り出す、あるいは読み手を書き手にする、ともいいます。深いナラティブを読者がきちんと読むならば、その読者は「これにはこのようなテーマも隠されているのでは」と意味の potentiality を探り出したり、「そういえば私も…」と自分のなりの一般化を行ったりと、元々のナラティブを書き足すあるいは書き換えるような書き手になります。この意味で、ナラティブには読者の想像力や思考を喚起するような書き方が求められます。ただの

報告では想像力を引き出すことはできないでしょう。重層的な記述といった論点も含めて、もう一度、ナラティブとはどのようなものかを整理しておくべきです。それが人文系の責任の１つではないでしょうか。

淺川：次の方どうぞ。

質問者Ｃ：新しい研究の作法とかの話をしていたのですが、アカデミック・コミュニティにどうアピールするかが課題です。ハンクス先生ともお話したのですが、新しい種をつくる必要があると思います。The journal of visualized experiments というのが 2006 年から発刊されていますが、もちろんテクストもありますが、ビデオでの説明がついています。だめなナラティブは役に立たないのですが、どのようなナラティブがいいのか、新しいジャンルを提案する時期が来ていると思います。新しい提示の仕方を皆でつくる。今、メディアはいろいろありますので、吉田先生が示してくださったようなことができるとよいと思います。また、そういうものが公開されれば広まると思います。いかがでしょうか。

柳瀬：まったく賛成です。ご提言に感謝します。

質問者Ｃ：ありがとうございます。私自身、授業が楽しい、ということを目標にしています。竹内先生のご発表で、楽しいだけで終わらない、ということを言われましたが、楽しさを否定しているのではなくて、それだけで終わらないというところが、大切だと思うのです。楽しいだけで終わらないということは、どのようなことか、吉田先生もたくさんのそういう授業に触れられていると思いますので、そのあたりを言葉にしていただけるとうれしいと思います。

淺川：時間がないので、後ほどまとめてご発言をいただきます。

質問者Ｄ：JACET の授業学研究会を関西で立ち上げたところ、熱心な先生方がたくさん参加されていて、責任も感じています。今後、ぜひこういう研究をしたらよい、というアドバイスを、先生方からいただきたいと思います。

淺川：2 点について、お願いします。

柳瀬：無責任な提案になるかもしれませんが、JACET の授業学研究会で思いきって、experimental issue（実験的な刊行物）を出せばよいと思います。JACET は権威のある格式が高い学会とされています。権威の高さは一般的

には間違いを起こさないということでしょう。しかし、これだけ時代が変わってくると、権威あるいは見識の高さというのは、チャレンジができて、もし失敗したらその失敗から学べることだと思います。無責任な実験じゃなくて、責任ある、自覚ある実験ができるという組織・人の方が権威が高いとされる文化の方が好ましいと私は思っています。そこできわめて自覚的に、experimental issue をだしていただきたいと思うのです。

　それから、研究のジャンルについてですが、例えば、ヘイドン・ホワイトという歴史研究家がいます。彼は、歴史は完全なフィクションと違ってやはり事実に基づかなくてはいけないが、同じ事実を書いたら 10 人が 10 人、同じ記述をするわけではない、と述べています。歴史にはナラティブの要素が不可欠で、そこがすぐれた歴史記述とそうでないものを分けていると彼は考えています。歴史研究における記述からも、私たちは示唆を得ることができると思います。［上述の「なぜ物語は実践研究にとって重要なのか」という論文もご参照いただけたら幸いです］。英語教育研究は人文系からもっと学ぶべきではないでしょうか。

新しいメディアを使った研究を

吉田：もう 20 年ぐらい前になると思いますが、ペンシルバニア州立大学のカレン・ジョンソン先生（Karen E. Johnson）が、教室内コミュニケーションに関する研究の本を出版したのですが（Karen E. Johnson. (1999). *Understanding language teaching: Reasoning in action.* Newbury House.）、この本には別売でマルチメディア CD-ROM が売られていました。当時の CD-ROM は記憶容量も少なかったのですが、先駆的に本と CD-ROM が連動していて、本の中で言及されている授業を画面上で映像として見ることができました。今だったら、クラウドにデータを置くことで、もっと簡単にできるわけですが、当時は画期的だなと思いました。ですから、JACET でも新しいメディアを活用することを前提にした成果の公開の仕方を考えたらよいと思います。

　あと、楽しさのことですが、授業研究をやっていると、授業中の「児童・生徒・学生の目の輝きが…」というコメントが出てきますが、そういった表

現は印象の域を出ず、そのような言葉で、授業の評価ができるわけないというう批判する研究者もいます。ただ、教室の中で授業を見ていると、現場にいた人のそういった言葉には、どこか、真実があるとも思われます。つまり、授業が楽しくないと、生徒たちの目の輝きは見えません。生徒たちの認知的、情動的体験が表に出ているのだと思います。そういった生徒たちの楽しさの体験を記述することでも、学習の本質にもっと迫ることができるように思われますが、その前に、楽しいということはどういうことなのかにも迫ることも必要ですね。

淺川：ありがとうございました。

竹内：新しい手法やメディアを使い授業研究をすすめるということには大賛成です。ネットと連動させ、授業を広く公開し、教員・児童・生徒・同僚・聴衆のボイスを入れて、実践報告に特化した学術誌を実験的に出してみてはどうでしょうか。多くの研究者や実践者に、試行錯誤をしながらこういう取り組みもできるということを提案して、授業研究や実践報告を確固たるジャンルにしていく。言語教育系の学会では、そのようなことをしているところはまだないでしょうから、JACETでやる意義は大きいですね。

　それから、楽しさに関してですが、授業が楽しいということは、学習者にとっても教師にとっても、決して悪いことではない。「楽しさ」という項目が授業記録にあってもよいと思っています。しかし、ご指摘の通り、楽しいだけで終わらないということが大切かと。ある先生に2年ほどの期間にわたる長期インタビューをしたことがあります。ある時、「私の授業はとても楽しいと評価が高い」と言っていたその先生が、急に「楽しいだけではだめだ」と言い出したのです。なぜそのように変わったのかよく聞くと、「めあて」にしている力が生徒に十分についていないというのです。「力を付けていないのであれば、その楽しさには意味がない」と悔しそうにおっしゃっていたのが印象的です。

研究はムーブメント

　おわりにもう1つ付け加えるとすると、研究ではムーブメントを起こすこ

とが重要です。海外学術誌の査読をしていると、ムーブメントを起すことのできた人たちが主流を占め、そういう流れのなかで論文が採択されていることが分かります。たとえば、今、エモーションズの研究では不安は（単体では）あまり注目されておらず、もっとポジティブな構成概念、たとえばwell-being（楽しさ、幸福）などという概念とともに研究する流れが加速している。いや、そういうムーブメントを起こそうとしている研究者たちがいて、集団として力を持っている。そうなると、不安に焦点を絞った研究などは採択されにくくなる。1人でいくら頑張っても相手にしてもらえない。また、この流れに乗ろうとすると、「楽しいだけではダメ」とネガティブに主張するのはなく、「楽しさが外国語の学習とどう関係し、どうそれを促進しているか」とポジティブにした方が研究テーマの立て方としては良くなる。このようにムーブメントを起こすことの重要性を認識し、その中で研究を一定方向へ引っ張っていくことも考えながら、外国語授業学の発展に取り組んでいく必要があると感じています。

淺川：ありがとうございました。創造的で感情もかき立てられたシンポジウムになったかと思います。JACET の研究のあり方への提言もいただきました。課題があるということは希望があるということだと思います。野望かもしれませんが、そうした野望を、学会の力で現実にしていけるか問われている、と言えるのかもしれません。

（了）

授業学研究会合同シンポジウム

これからの授業学研究─大学英語教員に伝えるべきこと・学生に授業を通して伝えるべきこと

司会　岡田伸夫(関西外国語大学)
パネリスト　村上裕美(関西外国語大学短期大学部：関西)
　　　　　　佐藤雄大(名古屋外国語大学：中部)
　　　　　　馬場千秋(帝京科学大学：関東)

シンポジウムをはじめるにあたって

　JACET は、2016 年度より 3 年間にわたり、「英語授業学」をテーマに英語教育セミナーを実施してきた。その中で、関東、中部、関西の 3 支部にある JACET SIG の授業学研究会は、セミナーおよび国際大会において、日頃の授業で行っている実践を報告し、大学での英語授業のあり方を、参加者の方々と考える機会を得てきている。本シンポジウムでは、3 年間の総括として、(1) 各支部の授業学研究会において、どのような取り組みを行ってきているか、(2) 今後、英語授業学研究として、どのようなことをしていくことができるか、また、どのようなアプローチが学生の英語力向上の一助を担うか、(3) 各支部の授業学研究会の活動で今後必要なことは何か、また、問題点は何かについて検討したい。各支部の取り組みは、次のとおりである。

関西：関西支部では、発足から 2 年間はメンバーが個々の授業を振り返り、改善法やさらなる授業への工夫を研究してきた。そのために多くの講師を招き研究する機会を設けてきた。3 年目の活動テーマとして授業学研究の基本とも言える Richards と Lockhart の Reflective Teaching in Second Language Classrooms (1996) を輪読しながら「授業」について考察し、これまでの研究活動との関連性や独自性を研究している。この研究活動の成果を今後、一層

積極的に外に向かって発信し、授業学研究の発展に貢献したいと考えている。

中部：中部支部では、「日常の英語授業」の交流とその改善を継続的に行ってきた。授業学研究会に集まるメンバーの教育現場は多様で、英語専門学科から経済学部、医学部、短大など、現在の大学英語教育が置かれている様々な環境を反映している。そしてそれぞれの現場で行われている日常的な英語授業の研究が大学英語授業の分析と改善につながると考え、継続して授業の様子を交流し、分析している。

関東：関東支部では、英語リメディアル教育に着目し、教員および学生に対し、英語教科書のニーズ調査を行った。その結果を踏まえ、教科書執筆を行うべく、現在、企画中である。また、英語教員が英語指導を行うにあたり、困ることはどのようなことか、技能別のテーマだけでなく、教室環境、学生の状況等を踏まえ、検討を行っている。さらに、2017年度からは、年に1～2回、公開研究会を行い、講師による講演と授業に関する悩みなどの座談会を行っている。

シンポジウム

岡田：関西支部の岡田です。その任ではないのですが、今日は本シンポジウムの司会を務めさせていただきます。まず最初に趣旨を簡単に説明して、その後、3人の講師の先生方をご紹介し、ご発言をいただきながらすすめたいと思います。

　シンポジウムの趣旨は要綱の18ページに書いてありますが、私たちは、2016年から3年間にわたって、英語授業学をテーマにした研究に取り組み、JACET英語教育セミナーや国際大会で報告してきました。授業学研究会は関東、中部、関西の3支部にありますが、それぞれの授業学研究会は、毎年、セミナーおよび国際大会に出席して、日頃の授業での実践例を報告し、参加者の方々の批判を仰ぎ、さらに大学での英語授業のあり方を、参加者の方々と一緒に考えてきました。

　まず1つ目として、この3年間の総括として、各支部の授業学研究会にお

いて、実際にどのような取り組みを行ってきたか。2つ目として、今後の英語授業学の研究で、どのようなことをしていくことができるか、また、していかなければならないか、そして、どのようなアプローチが大学生の英語力の向上に資することができるか。また、3つ目として、今後、各支部の授業学研究会の活動で必要になることは何か、どのような課題があるか、どういう方向を目指すかという問題について、お話しいただきたいと思います。

　簡単に講師を紹介します。皆さんよくご存じの方々です。まず関東支部の馬場千秋先生です。帝京科学大学総合教育センター准教授です。授業学(関東)研究会の代表、および、JACET 副代表幹事を務めておられます。2005年より、JACET 国際大会本部委員を務めておられ、そのうち 2011 年から 2016 年の6年間は本部委員長を務めておられました。ご専門は、英語ライティング指導の研究、英語授業学、英語リメディアル教育です。共著書に『教科教育学シリーズ9　英語科教育』(一藝社)、『英語教育学大系 10　リーディングとライティングの理論と実践』(大修館書店)、『英語教育評価論(英語教育研究リサーチ・デザイン・シリーズ)』(河源社)等があります。

　お隣が佐藤雄大先生です。名古屋外国語大学現代国際学部教授です。授業学(中部)研究会の副代表とライティング研究会の副代表を務めておられます。また 2017 年より JACET 中部支部の副支部長、本部理事、2018 年度国際大会組織委員会支部副委員長を務めておられます。ご専門は、英語ライティング教育、異文化間コミュニケーション学、ヴィゴツキーを中心とした社会文化的アプローチです。共著書に『英語教育学大系 10　リーディングとライティングの理論と実践』(大修館書店)があります。木村友保先生との共著で『Better Reading, Better Writing with NHK WORLD NEWS』(南雲堂)等の教科書もあります。

　次に、村上裕美先生です。関西外国語大学短期大学部准教授です。2015・2016 年度に、授業学(関西)研究会の代表を務められました。ご専門は文体論と授業学です。授業学に関連してのご著書に『大学教員のための FD 手帳－ MH 式ポートフォリオ：教師用』、『学びのデザインノート－ MH 式ポートフォリオ 大学英語学習者用』(いずれもナカニシヤ出版)があります。JACET Kansai Journal 第 20 号に「教育理論と授業を結ぶ英語授業学」という

論文を寄稿しておられますが、関西支部の授業学研究の牽引者です。

　この後、まず、各支部から5分間ずつ過去の活動についてご紹介いただきます。それが一巡しましたら、その次に、2分間ずつ、問題点と提案、この2点に絞ってお話しいただきます。その後、フロアの先生方にご参加いただいて、3人のパネリストとフロアの先生方が一緒になって、さまざまな問題について話し合っていくようにすすめたいと思います。

3 支部におけるこれまでの活動

　早速ですが、各支部から5分間ずつ、過去の活動についてご紹介いただきます。村上先生からお願いします。

関西

村上：岡田先生、ご紹介いただきありがとうございます。よろしくお願いいたします。それでは、関西支部で研究してきたことについて、ご報告させていただきます。

　先ほどご紹介いただきましたように、授業学（関西）研究会は2015年に発足いたしました。関西支部には、授業学を研究・実践しておられる先生がたくさんおられますが、まず私が代表を務め、研究環境を整えて、岡田先生にバトンタッチした次第です。

　去年までの2年間で、17回にのぼる研究会を、関西外国語大学を会場に、たくさんの先生方の熱心な参加を得て、開催してきました。また、支部大会における研究発表や、ワークショップ、シンポジウム等、たくさんの行事に参加させていただいております。同時に文献の輪読もしております。授業実践がどのような理論に立脚しているのか、授業での活動がどのような理論にリンクしているのかということを、文献を押さえることにより、きちんと理解することが、研究・実践を充実させることにつながっているのではないかと自負しております。

　研究会に登録してくださっている先生方は、40名ほどおられますが、平均、だいたい15人ほどの先生方が、毎回の研究会に参加してくださってい

ます。中部地区や四国、九州からも参加していただき、熱心な先生方と一緒に研究させていただいております。

　研究会では、著名な先生方に、たくさん講演していただきました。たとえば、リフレクティブ・ティーチングについて大阪大学の日野信行先生に、意味順指導について京都大学の田地野彰先生に、ESP の指導法について神戸学院大学の野口ジュディー先生に、英語文法指導法について岡田伸夫先生にご講演いただきました。また最近では、神戸大学の横川博一先生に、学びの定着にかかわる脳の認知の仕組みについてご講演いただきました。また、中京大学の加藤由崇先生には、「きょうどう」学習、あえてひらがなで、きょうどうということで、きょうどう学習を多方面から考える機会をいただきました。

　そして、小口真澄先生からは、身体とこころ、学びをつなぐミュージカルを取り入れた英語指導という新しい視点を得ることができました。小口先生は英語芸術学校マーブルズを主宰され、体と感性と音楽と英語、つまり感性と英語教育を結びつける活動をしていらっしゃいます。ミュージカルを使った英語教育の指導から多くを学びました。柳瀬陽介先生が、広島大学で開催くださったワークショップに私が参加させていただいたときに、小口先生がそのように素晴らしい英語指導をしていらっしゃることを知り、それを、是非、多くの方に共有いただきたく、また英語科教育法を受講している学生さんにも知ってもらいたいと願い、関西外大にお招きして、ワークショップをしていただきました。これらはすべて授業学(関西)研究会という場がないと実現できなかったと思っております。

　これからも授業学(関西)研究会のメンバーの皆さんと、そして、メンバーでない方も自由に参加いただけますので、英語授業学研究を続けていきたいと願っています。今まで 18 回にわたる研究会をしてきたのですが、今後もさらに研究会を充実させていく予定です。

　授業学(関西)研究会のメンバーの皆さんは、つねに前向きで熱心で、今回もそうですがここに来てくださって、一緒に学ばせていただくことをありがたく思っています。国際大会や支部大会も、そういったメンバーとの絆といいますか、結びつきというのが研究を継続する原動力となっています。また、研究会はさまざまな示唆をいただいたり、新しい提案をいただいたりす

る機会となっております。以上、これまでの活動内容を報告させていただきます。ありがとうございます。

岡田：ありがとうございます。次に、中部支部の佐藤先生にお願いします。

中部

佐藤：はじめまして。名古屋外国語大学の佐藤です。授業学(中部)研究会の副代表をしております。代表は、同じ大学の木村友保先生がずっとなさっています。

　今日、お話しするにあたって、研究会の成り立ちを振り返ってみました。かなり前のことなので、当初のことは、ほとんど記憶からなくなっていたのですが、できるだけ思い出してみました。初めの頃のことは馬場先生とかなり重なるところがあると思いますが、一緒に活動してきたので、仕方のないことなのですが、成り立ちを振り返ってみたいと思います。

　授業学(中部)研究会の代表の木村先生も私も、もともと高校で教員をしていた経験があります。木村先生は愛知県の高校で 20 年間、私は 14 年間、高校で教えていたということもあり、授業にもともと関心があるというか、授業を主体にずっと英語教育を考えていたところもあります。研究会をはじめるにあたっては、同じ大学に勤めているということもあったと思います。

　2007 年に第 1 次授業学研究特別委員会が最終的に報告書を出しました。その時の担当理事が森住先生で、委員長が山岸先生で、『高等教育における英語の授業の研究─授業実践事例を中心に』(松柏社) として、1 冊の大きな授業実践を集めた本ができたわけです。

　そのような書籍は刊行されたのですが、山岸先生から、授業学という授業を研究することを終わらせてはいけないのではないかというお話があり、また、馬場先生とか、木村先生に、何とか継続することはできないかという打診もあったそうですが、木村先生ご自身も中部で授業学の研究会をつくりたいという気持ちを持っておられたようです。

　ただ、そのときにいろいろな事情があって、とりあえず初めは自主的な研究会として発足しようということになり、関東支部は関東支部で検討されることになり、中部支部では木村先生を中心に、第 1 回目の授業学研究会を

2007 年の末、12 月 27 日に行ったという記録がありました。

　その当時の設立メンバーは 12 名で、そのうち大学の教員は 9 名、高校の教員が 3 名でした。私も木村先生もずっと高校でしたが、ほかに中学とか大学での授業を研究することを志す者が 5、6 名集まってはじめました。また、英語専門学科から経済学部、医学部、短大などいろいろな分野の方が集まっていたのも特徴的でした。このときテーマにしたのが、リメディアル教育でした。将来的に、第 2 次授業学研究特別委員会が発足するだろうという話があって、その時にリメディアル教育をテーマにしたいということもあり、中部支部の授業研究会では、リメディアル教育をテーマにして発足したという経緯があります。

　第 2 次授業学研究特別委員会が 2010 年に発足して、2012 年にその研究をまとめたものが『高等教育における英語授業の研究：学習者の自律性を高めるリメディアル教育』で、多くの実践事例を集めて、まとめることができました。

　その後、中部支部での授業学研究会としては、2012 年、愛知県立大学で開催された第 51 回国際大会でシンポジウムを行って、学習者と教員の成長を目指した英語授業の研究として、それまで行ったものの総まとめをしたということになります。

　2008 年から 2012 年までに 30 回研究会を開催してきました。特徴としては、リメディアル教育を柱としていることもあげられると思います。以上です。

岡田：ありがとうございました。それでは、次に、関東支部の馬場先生にお願いします。

関東

馬場：先ほどご紹介いただきました帝京科学大学の馬場でございます。授業学 (関東) 研究会の代表をさせていただいております。関東でどのようなことをしてきているかということをご紹介させていただきます。先ほどの佐藤先生のお話にもありましたが、第 1 次の授業学研究特別委員会が終わった後に、先ほど、お名前が言及された森住先生や山岸先生から、第 2 次授業学研

究特別委員会の構想があると伺いました。お二人とも関東の方でいらっしゃいますので、私自身は早い段階でお話を伺うことができました。2007年の段階では、山岸先生と、授業学(関東)の設立以来ずっと副代表をしてくださっている林千代先生と私とで集まりまして、どういうような形ですすめていくか話し合いました。結局、第2次授業学研究特別委員会が始まる前に、各支部で研究会をつくろうということになりました。その後、2008年の2月に、授業学研究会(関東)の設立が、理事会で承認されております。

実は、この設立にあたっては、当時、副会長だった岡田先生が会議でご説明くださることになり、事前に岡田先生とお電話でお話をしたのを覚えています。関東では、2008年の3月に1回目の研究会を始めまして、第2次授業学研究特別委員会の準備委員会としての役割と授業学(関東)研究会の役割の2つを担って行ってまいりました。理論構築のために輪読をしたり、授業実践を紹介しあったり、授業の実態を調査するようなこともいろいろ行ってまいりまして、先ほど佐藤先生からもあったように、2010年の4月から2011年の3月には、第2次授業学研究特別委員会の活動と授業学(関東)研究会の活動の両方をするという形になっておりました。

特別委員会の報告書については、先ほどの佐藤先生のお話にありましたので割愛いたしますが、2011年の第50回大会のときに、まとめとして、各支部の代表者が特別委員会にも出ておりましたので、授業学に関するシンポジウムも行っております。

理論構築のために輪読を行い、吉田先生のお話で出てきたレッスンスタディに関する書籍や『授業研究法入門』というような本などをさまざま読みまして、どういうふうに授業研究をしていったらよいかというようなことを私どもで考えてまいりました。それから授業に関する実態調査も行いましたが、これは45回大会でご報告させていただいております。

その後、2015年からまたいろいろな企画を立て、現在、リメディアル教科書の執筆に向けての検討に取り組んでいます。そのために2015・2016年度に教科書分析を行いました。その後、昨年度は大学生600名に対して、また一般英語科目担当教員81名を対象にニーズ分析を行いまして、現在は執筆に向けて内容検討をすすめております。

　また、大学で英語の授業をする中で、指導方法や教材などの悩みを抱える教員も多いことから、そうした課題を共有するために WEB ジャーナルを刊行することも現在検討しております。

　それから、研究会などではメンバーで集まることが多かったのですが、公開研究会を昨年度から実施しております。前回はリメディアルの文法指導ということで、東京学芸大学の馬場哲生先生を講師にお招きし、公開研究会を開催しました。今年度は、10 月 20 日に、現在 JACET の代表幹事である東洋学園大学の下山幸成先生をお招きすることになっております。報告は以上になります。

現在の問題と今後

岡田：馬場先生、ありがとうございました。時間どおりです。では、次に、3 人の先生方に、それぞれ 2 分間で、現在抱えている問題点と、今後どうしたらよいかへのご提案を中心にお話しいただきます。今度は、逆順で、関東支部の馬場先生からお願いします。

馬場：引き続き、馬場のほうから、活動していて今後必要なことは何か、ということについて、2 分間ほどでお話しさせていただきます。

　まずは理論構築ですが、第 1 次、第 2 次の特別委員会に、私も関わってまいりましたけれども、授業学とは何かというような理論構築が、まだうまくなされていません。ですから、研究をすすめるのに、どのような観点で切り込んでいくのかということを体系的にしていかなければならないと思っています。

　それから、2 つ目ですが、授業学研究の中心である授業研究の手法です。なぜかというと、中高の授業研究と大学の授業研究では状況がちがうので、中高の授業の映像とか記録が、すべて参考になるとは限りません。中高では検定教科書があり、学習指導要領がありますが、大学ではそうではありません。到達目標とか内容も方法も異なります。それから 1 クラスの人数もちがいます。授業時間、機器、教室環境なども異なります。

　授業研究で、90 分授業の映像を全部見るというのも 1 つのやり方ではあ

るのですが、何か他人の授業で参考になるものを得たいといった場合に、授業内の部分ごとに分けて、それぞれの活動を研究していく必要があるかと思います。授業には複数の活動が取り入れられていて、典型的な授業の一部を見て、そこから自分のところに何が必要なのか、自分の授業の到達目標とかに必要なのはどういう活動なのかということを、教員それぞれが考えて、取り入れていくということが重要になります。

　実は、授業学は何でもありだ、ともよく言われるのですが、それ以上に「何やってるか分からない」とよく言われます。同時に、本質的な研究とともに、授業で困っている先生方がとても多いので、その対処法をジャーナルのような形にしていくということも重要ではないかと思っています。以上です。

岡田：ありがとうございます。では次に、佐藤先生に、問題点とその解決法について2分程度でお願いします。

佐藤：問題点ということですが、中部支部としては、先ほど申し上げた第51回のシンポジウムを行ったときまでに、かなり理論的なものは積み上げたといえます。授業というコミュニケーションを通じて、学生の力をどうやって伸ばしていくかということが授業の1つの大きな役割であり、教員はそのために授業研究を行うということだと思います。

　また、研究会のメンバーのそれぞれの日常の授業をいろいろ聞きながら、それを皆で検討しながら、馬場先生からあったお悩み相談のようなこともしてきました。

　問題点としては、授業と同じで研究会活動も、熱意がないとあまり続かないのと、うまくメンバー同士がやりとりできないとすすみません。村上先生が言われたように、頑張っている人がいないとなかなか難しいと実感しています。

　あともう1つは、新しい世代の方々、若い人たちを育てていくということも私たちの責任ではないかと思っています。本日の分科会で発表していただいた先生とか、ご自分の経験にもとづいて分析研究を行っているのを、私たちでサポートしていかないといけないと思っています。

岡田：ありがとうございます。それでは、村上先生にお願いします。

村上：失礼いたします。関西支部では、失敗から学ぶということを大切にしてきました。授業で失敗をすることは当然あり得ることで、あってはならないと言われつつも、うまくいかないことはたくさんあります。その失敗を恥ではなくて、お互いに出し合って、「それは失敗ではないんじゃないの？」、「そういうことをやっているの？むしろ素晴らしい取り組みですね」というような見方を掘り起こしながら、実践された授業を考察してまいりました。また私の授業実践に対しても、参加者と意見交換するなかで、アドバイスもいただき、学ぶことが多く、ありがたいと思っています。

　また授業学ということについて、皆で考えています。そもそも授業学とは何かということについては、先ほど、岡田先生が紹介してくださった、JACET Kansai Journal 第 20 号に掲載していただいた授業学を考察する論文の中に書かせていただきました。決して十分ではありませんが、この授業学、あるいは授業というものを取り巻く環境を考えるのに、教師を T、学習者側を S、それで教育機関を F というふうにおいたマトリックス（表）を考えてみると、授業は先生と授業、学生のみならず、さまざまな要素があり、それらが相互に影響し合うことがわかります。これらすべてをあつかうのが授業学だということを提案させていただいたのですが、現在、研究会で検討しています。これを体系的にまとめ、授業学とは何かを踏まえ、今後の活動の指針にしていきたいと思っています。

　また、先ほども申しあげましたように、熱心な先生方が集まってくださるのに、もっとするべきことはないだろうか、期待にこたえられているかと不安になります。テーマもリメディアル教育から、授業デザインなどへの広がりがみられます。昨今、エビデンス・ベースの研究方法が言われていますが、授業実践の報告で終わらず、エビデンスにもとづいて研究することで、実践に応用することができるようになるのではないかと思っています。

フリーディスカッション

各支部研究会におけるテーマ
岡田：ありがとうございました。これで一巡しました。最初に各支部から各

活動、動きに関して、次に各支部が抱えている問題点、提案に絞ってお話しいただきました。これからフリーディスカッションに入っていきたいと思います。始めに3人の方にいくつか質問をさせていただきます。

岡田：村上先生も授業学という理論的研究と授業という日ごろの実践の両方にかかわっておられるわけですが、複合的な要因が関与してくる1回1回の授業実践の独自性についてはどのように考えておられるのでしょうか。

村上：授業はそれぞれ独自なもので、輪読をして学んだ理論を、今度は自分の実践でどのように活用していくか、理論をどう実際に自分の中で消化して、指導していくか、またその逆もあり、実践している内容が後付けで理論と結びつくこともあります。

岡田：授業というのは、クラスによってさまざまな特徴を持っています。個別的なものと、また同時に普遍的なものもあるかもしれません。中部支部の佐藤先生にお尋ねしたいのですが、さまざまな研究分野の方が集まって中部支部の授業学研究会を構成しているということですが、それぞれ個々の課題はもちろんあると思いますが、そういう方たちの間で共通してあがってくることしてどのようなことがあるのか教えていただければありがたいと思います。

佐藤：研究会には、例えば、医学部の学生とか、TAとか、高校の教員とか、英語を専門とする者がいます。それぞれ、まったくちがう授業をしていて、シラバスやカリキュラムもちがうわけです。ただ共通していることは、おそらく人間が人間に教えているということで、その場の学生を見ながら、その場の状況を読みながら授業をしているということなのではないでしょうか。それゆえ授業の大変さがあり、反面、面白さもあるわけで、どの授業実践においても、共通のものだと感じています。

岡田：ありがとうございました。次に関東支部の馬場先生にお尋ねしますが、現在、支部で、リメディアル教育に配慮しながら、新しい教科書の開発を計画しているということでした。その企画の中に、授業学研究の成果として、特にどういうことを取り入れようとしておられますか。

馬場：今まで研究してきていることから言えば、リメディアルを目指すなかで、さまざまな要素があります。教科書では、さまざまな要素が関連して

パッケージになって、その手順で指導すれば、効果があがるという研究成果を得ています。ただ本当にそれでよいのかという疑問もあります。また授業を見ていくといったときに、切り取ってという話もしましたが、部分的にはそうでも、やはり「この教科書を使えば誰でも大丈夫です」という万能な教科書は絶対ないと思います。ですから、そこはそれぞれの場面に見合った、そのクラスに合う創意工夫をする必要があり、総合教材をカスタマイズすることが考えられます。教科書を調べてみると、値段が 1 冊 2000 円とか 2500 円とかのものも多いわけで、学生に何冊も買わせるわけにはいかないので、例えば、文法やリスニングに特化して安価にワンコインでできないかという話もしています。さまざまな内容の教科書が、さまざまなレベルで、いくつもあれば、自分の目の前の学生にふさわしいものが選べるのではないか、それを組み合わせていくことによって、それぞれのシラバスデザインもできるのではないかと思います。

岡田：ありがとうございます。「そもそも授業学とは何か」という問いは、依然として重要な問いだと思います。森住先生や山岸先生が中心になって書籍として公開した授業事例集がありますが、JACET で授業学という呼称が使われたのは、あの本を出すときが、おそらく最初だっただろうと思います。JACET には授業学という研究分野を設けた功績と責任があるだろうと思います。

　古い英語教育法のテキストには、授業学というような用語は見当たりません。文法だとか個別のものはありますが、授業学というのはないようです。授業学というと、授業のことすべてをあつかうので、それでは、英語教育と同じではないか、と思われるかもしれません。英語教育でやらなければいけないことすべてが授業学の中に入っているのか。そうすると、授業学という言葉をつくる必要がそもそもあったのかという矛盾につきあたります。

　英語教育において、授業は大事だという思いがありました。旗がないと人が集まってこないので、授業学という旗を掲げたということもあったかもしれません。

　ところで、佐藤先生は授業はコミュニケーションとおっしゃいました。

佐藤：そうですね。1 つ、授業で重要なのは、協調性だと思っています。昔

は、チョーク1本で教えていたわけで、機器とか何もなくても、その状況に応じて、学習者の力を伸ばしていけるように調整しながらすすめたのが授業だったわけです。どのように状況に応じた授業をしていくかを研究するのが授業学ではないかと思っています。

岡田：同時に多くの要因が絡む総合的な営みっていうことでしょうか。

佐藤：そうです。

岡田：リメディアルは普遍的なテーマでしょうか。

馬場：関東では、リメディアルから入っているのですが、リメディアルが授業学というわけではありません。実は、私自身はJACETの活動にいろいろ携わっていくきっかけになったのが、第1次の授業学特別委員会でした。

　それで、授業学とは何かといったときに、私自身、英語教育の研究を始めたときに、まず興味を持ったのが授業のことなのです。私自身の修士論文を書くにあたって、英語授業をどう見るか、その見方を学んだこともありますし、授業そのものを見ていくのがとても重要だということで研究に取り組みました。

　先ほど、岡田先生が指摘されていましたが、村上先生の出された枠組みのように、授業に関するいろいろなことまで広げてしまうと、英語教育学とそれらがイコールだととらえられてしまうのだと思うのです。ですから、授業学は何かという場合、授業にフォーカスを当てていく必要があると思います。

　私自身、英語の授業を考えるにあたり、中高で行われている授業計画が参考になっています。中高だったら50分だし、小学校だったら45分だし、大学だったら90分、ただし、90分ではない大学もありますが。その枠組みの中で、まずプロシージャがどうなっているのか、そして、どのような活動が入っているのかとか、この目標を達成するためには、どういう活動をしていかなければならないのか、とか。そういったことを、まず根本的に考えていかないといけないと思うのです。ですから、英語授業学の中心といえば、英語授業そのものを考えるところから入っていくべきだというふうに考えております。

岡田：村上先生から何か。

村上：皆さんのおっしゃるとおりだと思います。私は「理論で実践をする」という表現をしています。マニュアルには、理論的な裏づけは書いてはあるのですけど、実際の授業というのは、そういった理論とともに、現場で、教科書や担当する内容を指導する実践があるので、大学でも教職課程の教授法で学ぶ理論ではなく、実践につながる理論を、実践から構築し、さらに実践につなげていくのです。

　授業学を、とくに大学英語の教育における授業学を考えるときには、まず現場でどうか、ということに立ち返るべきではないかと思いました。1つひとつの授業で、授業のなかでもさらに細かく構成されているのですが、授業学という大きなカテゴリーで、まずくくってみて、英語授業学を再構成することができるのではないかということを考えています。

岡田：ありがとうございます。ではフロアの先生方にお尋ねします。今の問題点、現実的な問題点について、どうぞご自由にご発言ください。授業で皆さんが抱えておられる問題をどのように解決しておられるのでしょうか。そういうことをお話ししていただいても結構です。

「授業学」という術語をめぐって

質問者：初歩的な質問で申し訳ないのですが2つさせてください。

　1つは、授業学の英語は、クラソロジーというふうにうかがっているのですが、クラソロジーとの違いや、レッスンスタディとの違いを教えていただきたいのが1つ。あと英語での授業学が想定されていると思いますが、数学とか、国語とか、他の教育、また教育学での授業とのつながりはどうでしょうか。英語の授業学と他の教科での授業学とはどのように違うのかおうかがいしたいです。よろしくお願いします。

岡田：ご質問ありがとうございます。どなたでも結構です。こちらの講師の方でも、フロアにおられる方でも。まず、クラソロジーやレッスンスタディとの類似点、相違点に関してですが。

村上：ありがとうございます。関西支部のフェイスブックをご覧いただいて、ご指摘いただいたと思いますが、間違ったものが置かれてしまっています。当初、クラソロジーという言葉でしたが、本当は授業だけではない、授

業学では目標が重要ですので、本当のところ、英語での用語がまだ見つからないというのが正直なところです。さまざまな先生方からいろいろな提案をしていただいていたので、どれが授業学として一番よいか、あるいは英語の授業研究として的確なものかを、今、考えているところです。クラスルームを焦点化するのか、もう少し包括した言葉が入るべきではないかとも思っています

　もう1つの、英語の授業学と英語以外の教科の授業学とのつながりに関してですが、JACET Kansai Journal 第20号において授業学のを考察をしており、英語という専門性以外は共通していると考えています。私は、英語の授業でも、どの授業でも、授業学という点では共通するという考え方を持っていますので、そこから、英語授業学の特性を確立したいと思います。

佐藤：第2次授業学研究特別委員会では、授業学というのは、先ほどのクラソロジーというのもあるかもしれないですが、リメディアルということも含めて、ディベロップメンタル・エデュケーションという名称を研究会の英語名として統一して使っていました。中部支部も、JACET の正式な登録として、その名前、ディベロップメンタル・エデュケーションを使っています。

馬場：ちなみに関東でも、その流れがあるので、研究会の英語名はディベロップメンタル・エデュケーションとしています。

　今、他の科目との違いはどうかという質問がありました。教科教育の観点からお話しさせていただこうと思います。私自身、教科教育の科目を10年以上持ってきており、同時に小学校の教員養成に関わっているので、他の科目の教科教育の話をよく聞くことがあります。他の科目と比べて、英語は特殊だという印象を持ちます。

　私自身は英語科教育法で、もちろん模擬授業もさせますが、かなり細かいことまで指導します。そうしておかないと、実習先に行った時に学生が困ってしまいます。それこそ絵の貼り方、立ち位置、それから板書の仕方とか、そういうことも含めてかなり細かく指導します。実際に、実習先への巡回で、高校の先生から「馬場先生、中学校のご経験がありますか」と言われたぐらいです。私は中学校の経験はないですが、そのように、かなり細かいことを言って、それで教室で困らないようにさせてから行かせています。小学

校の免許をとる学生はなおさらです。

　ただ、他の教科の教科教育法のことを聞くと、いきなり模擬授業をさせるような科目もあると聞いています。教室での子細がわかっていないのに、指導案を書かせてしまうこともあるようです。こういうふうに授業の流れをつくって、それでこういうふうに指導してとか、板書はこうでとか、そのようなことをしないままに、いきなり模擬授業をさせることもあるようです。あと、他の科目との連携という点では、他教科でのコンテンツを英語ですることもできるので、そのような連携は英語科ならではだと思います。

岡田：ありがとうございます。近年は、ESP やコンテント・ベースの授業が大学ではかなりあると思います。そういう授業の場合には、コンテントを英語で学ぶわけですから、英語のスキルがある程度身についていることが前提です。学生たちがわかっていればいいのでしょうが、英語ですすむので、学生がわかっていなくても見過ごされてしまいます。英語で学ぶ場合には、英語のスキルが問われ、リーディングやライティングは時間をかけてできたとしても、その場で対応しなければならないスピーキングやリスニングは難しいということになります。他の教科はそうではないように思えます。

佐藤：もう１つ、大学英語教育という点で、付け加えておいたほうがよいと思うことがあります。以前、授業学研究会で認知心理学を専門にされている静岡大学教育学部の大島純先生を招いて、お話をしていただいたことがあります。英語教育とはまったく関係ない、教育学というところから、一番はじめに「大学の英語教育というのは、本当にある意味、特殊です」言われました。他の教科にない特殊性とは、英語をどの学部でも、どの学科の学生でも勉強するわけで、それぞれの専門性にかかわらず、どこの大学でも、理系でも文系でも、医学部とかでも、全員が勉強するのは英語しかないのではないかということでした。その点で、大学英語教育は特殊だし、どの学生にも教えなければいけないというのも、英語教育が担っている責任というか、特殊性ではないかということがあります。

大学英語教育学の諸領域を統合する

岡田：JACET は「英語教育学大系」（大修館書店）全 13 巻を刊行しました。

テーマは、大学英語教育学、英語教育政策、英語教育と文化、21世紀のESP、第二言語習得、成長する英語学習者、英語教師の成長、英語研究と英語教育、リスニングとスピーキングの理論と実践、リーディングとライティングの理論と実践、英語授業デザイン、英語教育におけるメディア利用、テスティングと評価、と多岐にわたっています。

大学英語教育学会がつくられたのは、大学英語教育学という学問体系があってしかるべき、という熱い思いがあったからだとうかがっています。学問研究には体系があるのですが、英文学とも英語学とも違う、英語教育学という名称を掲げて大学英語教育学会ができたわけです。英語教育学をサイエンスとして、科学にしようとしていたともいえるでしょう。やがて第二言語習得や英語教育政策など、さまざまな分野も出てきました。授業学もその1つなので、専門領域として評価されることになります。しかし、授業学というのは、生身の生徒と生身の教師とが、そのクラスの中でお互いに貢献し合って、1つのものを創り出すという複雑な営みなので、科学とは異なるところもあります。

科学というのは、複雑な事象を構成する要因を同定し、その中の1つ、あるいは少数の要因を選び出し、他の要因を捨象して研究をすすめます。少ない要因に絞って、仮説を立て、実験や調査を繰り返し、その正否を検証します。しかし、そのような科学的アプローチだけで、教員と学習者の全人的なかかわりの全体像を明らかにすることができるのか、という疑問が残ります。

私の専門は英文法研究の英語教育への応用ですが、英文法だけで英語教育はできません。学習者のことや、外国語教育政策や、どうしたら4技能を育成できるのか、どういうテストがよいかなどにも注意しなければ教えることが難しいという現実があります。

授業学というのは、そういう科学として専門化した研究分野の成果を、授業というクラスの中で「統合する」営みであると思います。どのような授業が一番よいのか。あらゆる研究の内容が、その授業で試されるわけです。授業の中で、自分が学んできたそれぞれの研究を生かす、統合して使うことを授業学というのは目指してきたと思います。

　3人の講師の先生方からも、それぞれのスタンスで授業学というのはこうではないかというご発言もありましたし、おそらく会場にいらっしゃる先生方、一人ひとりにお尋ねしても、私はこう思うという、それぞれのお考えがあると思います。

　授業学研究を行うための場をJACETが提供しているともいえます。関東、中部、関西で、授業をよくしたいと思う方が集まって、経験や知見を共有し合って、よい授業をつくっていくことはいいことだと思います。一人では難しいところがあるので、研究会として集まってすすめることが求められます。関心を持っておられる方は、各支部の授業学研究会に、ぜひ参加していただきたいし、研究会がない支部でも取り組まれるとよいと思います。

中部・関東・関西による研究の潮流をどう生かすか

　最後に3人の先生方に、3支部の授業学研究の在り方についてうかがいたいと思います。このままの形で、3つの支部がそれぞれすすめていったらいいのか、それとも将来統合するような見通しがあるのかについても自由にお話しください。

村上：関西支部でしていることが他の支部と共通する面も多々ありますし、支部にこだわらずに、広く皆さんと研究したいと願っていますので、今後は、3支部で合同で研究することや、テーマを整理したり、共有したりして、活動させていただきたいと願っています。第3次の特別委員会ができればよいと思います。

佐藤：関東と関西、私、中部でお話しさせていただいたのを聞いて、今、岡田先生もいろいろまとめていただいたのをあらためて聞くと、やっぱり授業というのはいろいろな要因が入っているので、今、関東、関西でそれぞれ独自に研究されているというのも、それぞれのメンバーの関心が多岐にわたるということの現れだと思いますし、中部は中部で独自にしていくことが、それがもしかすると授業学の1つの形を表しているんではないかとも思います。ある種、関心は似ているのですが、それぞれの現場とか、それぞれの人の個性が際立つところが、よい部分であったともいえます。それで3支部で、これから独自性を伸ばしていければ、それは授業学の1つの形を表すよ

うな形になっていくのではないかということをあらためて感じました。

馬場：先ほど関東支部のほうであげさせていただいた2点が問題点ですね。1点目に関しては、理論構築、これは関西とも重複しています。もう1つは、関東独自の現在置かれている状況です。実は、中部でも出されていた人材のことです。コアなメンバーはいるのですが、やはり協力してくれるメンバーが多ければ多いほど、一緒に研究できる仲間がいればいるほど、多くの意見も出ますし、より活発になると思います。ですから、当然ながら支部の活動は支部の活動として今後もそれぞれの特色を出しながら、すすめていくべきだとは思いますが、ただ、先ほど村上先生もおっしゃっていましたけれども、支部の研究会同士の活動といいますか、合同でしていくようなことも年に何回かできればよいのではないかも考えております。

　実際に、国際大会でも過去に3つの支部が合同でシンポジウムをするなどの試みはしてきてはいるのですが、やはりもう少し活性化させていく必要があるのではないかと思っております。3支部それぞれの活動プラス支部合同ということで、先ほど村上先生がおっしゃってくださいましたように、第3次の特別委員会なども将来的にできたらよいのではないかと考えております。

岡田：ありがとうございました。支部は支部で独自性を大事にしていくと同時に、共通で考えられるところは3支部の力を合わせて前進したいということでした。

　まとめに入ります。英語教育を取り巻く環境っていうのは、非常に変化が大きいですよね。少し前ですが、1991年でしたか、大学設置基準の大綱化があって、一般教養と専門との区別がなくなり、語学が必修でなくなりました。理科系では、例えば、英語を増やしたところもあるし、減らしたところもあります。文系では、第2外国語がなくなってしまったとか、英語教育をどうするかで悩んだ時代がありました。最近では、仕事で英語が使える日本人の育成を、という動きになっていて、キャリアを直接見据えたような英語教育をしなければならないという方向になっています。それに伴って、「使える」ためには、文法だけしていたらいつまでたっても使えないというので、実践力をつけるために、文法をやらずに、コンテント・ベースト・イ

ンストラクションだけですすめるという風潮もあり、問題を抱えています。また、民間試験の大学入試への導入もあり、高校ではその対応もせまられ、小学校高学年では英語が教科になるというような、さまざまな変化があります。CEFR の CAN-DO での評価が一般的になってきましたが、問題も少なくありません。

　それから、教師主導の教育からアクティブラーニングを中心とする学習者中心の学びへの転換も求められています。そのようないろいろな流れの中で、私たちは授業をどうしたらよいのか、非常に悩むところです。FD で、学生による授業評価をしたら、「授業が面白くない」とかがたくさんでてきたという話もあります。

　そういうときに、自分一人で考えていてもなかなか前にすすめません。仲間がいて、皆で考えていくことができたらありがたいと思います。授業学という場で、多くの方と一緒に研究をすすめていきたいと思います。研究者として、何かの役に立ちたい、自分も知りたいという、こういう気持ちがわれわれにある限り、授業学はすすんでいくと思います。先生方も、どこかで私たちの研究にかかわっていただいて、大きな授業学の流れをつくっていけたらよいと思います。

　3 人の講師の先生方にもう一度大きな拍手をお願いします。

Prof. Tim Stewart, Kyoto University, Japan

Program Outline

Thursday, August 18th

10:00 Registration

10:45 Opening/Orientation

11:00 Lecture: Prof. Neil Murray

University gatekeeping tests: What are they really testing and what are the implications for EAP provision?

12:30 Lunch break (Publishers' exhibitions)

13:30 Lecture: Prof. Tim Stewart

Team learning and innovation in ELT: A behind-the-scenes look at interdisciplinary collaboration

15:00 Poster session

16:00 Lecture: Prof. Julia Chen

EAP curriculum development and innovation

18:00 Dinner event

Friday, August 19th

10:00 Lecture: Prof. Julia Chen

EAP curriculum evaluation and English across the curriculum

11:30 Poster session

12:30 Lunch break (Publisher's exhibitions)

13:30 Lecture: Prof. Neil Murray

Embedding academic literacies in university curricula: A collaborative enterprise

15:00 Closing ceremony

大学英語教育学会（JACET）
第 4 回（2016 年度）英語教育セミナー
―授業学を生かす英語教育イノベーション I―

日時：2016 年 11 月 5 日
場所：青山学院大学 15 号館 /17 号館

プログラム				
10:00	受付開始			
10:30	**ワークショップ**			
	A［15 号館 15502 教室］		B［15 号館 15501 教室］	
	「高校英語検定教科書と高大接続を考える」		「モバイル機器、PC、CALL システムを活用した授業」	
	羽井佐 昭彦（相模女子大学）		吉原 学（東京経済大学）	
12:00	昼休み			
12:50	**分科会 I**			
	A-1［15 号館 15606 教室］授業学関東研究会企画	B-1［15 号館 15502 教室］授業学中部研究会企画	C-1［15 号館 15605 教室］授業学関西研究会企画	D-1［15 号館 15501 教室］
	「英語のスキルと知的欲求のギャップを埋める授業の工夫」	「国際交渉力を育成するための授業」	「学習者用ポートフォリオの作成：自分に合ったデザインにカスタマイズ」	「Mobile 利用の反転授業とソフトの効果的利用法」
	仲谷都（東洋英和女学院大学）油木田　美由紀（東洋英和女学院大学）	木村友保（名古屋外国語大学）	村上裕美（関西外国語大学短期大学部）	小張敬之（青山学院大学）
13:40	休憩			

14:00	分科会 II			
	A-2［15号館 15606教室］授業学関東研究会企画	B-2［15号館 15502教室］授業学中部研究会企画	C-2［15号館 15605教室］授業学関西研究会企画	D-2［15号館 15501教室］
	「教科書『で』ど う教えるか」	「『英語による講 義・質疑応答』の ために教師に求め られるイノベー ション」	「大学英語教員用 ポートフォリオの 作成：自分に合っ たデザインにカス タマイズ」	「インクルーシブ 教育と英語科にお けるアクティブ ラーニング」
	馬場千秋（帝京科 学大学） 林千代（国立音楽 大学）	木村友保（名古屋 外国語大学）	村上裕美（関西外 国語大学短期大学 部）	下山幸成（東洋学 園大学）
14:50	**休憩・移動**			
15:10	**全体会／賛助会員デモンストレーション**［17号館 17410教室］			
15:10	**全体会／基調講演**［17号館 17410教室］ 「今、英語教育に求められていることは―方向性を見定めるために―」 竹内　理（関西大学）			
17:00	**全体会／情報交換**			
17:30	閉会			

The JACET 44th Summer Seminar (2017, Tokyo)
English as a Lingua Franca (ELF) in the globalized world:
Research and implications for practice

ELF is one of the most important and fast-growing research fields in applied linguistics. It challenges many established ideas about how English is used and taught, and for this reason its nature has not always been fully understood and has often been misunderstood. This seminar therefore aims firstly, at a conceptual clarification of the nature of ELF; secondly, at introducing the developments and future possibilities of ELF research; and finally, at exploring the implications of this research for language pedagogy. It is hoped that the seminar will become a forum for English language teaching practitioners, policy makers, materials writers, researchers and students to exchange their views on the pedagogy of English language teaching in the light of an understanding of the nature of English used as a lingua franca in the globalized world.

Date: August 26th–27th, 2017
Venue: Waseda University, Tokyo

Invited Lecturers

Hon. Prof. Henry Widdowson (University of Vienna)
Prof. Barbara Seidlhofer (University of Vienna)
Prof. Kumiko Murata (Waseda University)

Program Outline

Saturday, August 26th
10:00　Registration
10.00　Publishers' exhibitions (until 16:00)
10:45　Opening/Orientation

11:00 Lecture 1: Prof. Barbara Seidlhofer

Taking stock: English and globalization: The challenge of change

12:30 Lunch break

12:30 – 12:45   Publishers' presentations

13:30 Lecture 2: Hon. Prof. Henry Widdowson

What does the E in TESOL stand for?

15:00 Lecture 3: Prof. Kumiko Murata

The realities of the use of English in the globalised world and the teaching of English: A discrepancy?

16:45 Poster sessions

18:00 Reception

Sunday, August 27th

10:00 Publishers' exhibitions (until 13:30)

10:00 Lecture 4: Prof. Barbara Seidlhofer

Looking ahead: Prospects for the study of English as a lingua franca

11:30 Poster sessions

12:00 – 12:15   Invited lecturers' comments on posters

12:30 Lunch break

13:30 Lecture 5: Hon. Prof. Henry Widdowson

Lingua franca and lingual capability: The pedagogic implications of ELF

15:00 Closing ceremony

大学英語教育学会（JACET）
第5回（2017年度）英語教育セミナー
―授業学を生かす英語教育イノベーションⅡ―

日時：2017年11月4日
場所：関西外国語大学中宮キャンパス ICCセンター3階

プログラム　※3階テラス：賛助会員展示（11:00-16:00）	
10:30	受付開始	
11:00	**6310教室**	**6311教室**
	分科会 A1: ICT を活用する授業	分科会 B1: 授業学 (関東) 研究会
	「ICT を活用したアクティブ・ラーニング・スタイルの英語授業」	「モチベーションを高める実践的な英語指導」
	野澤 和典（立命館大学）	林 千代（国立音楽大学）
12:00	移動	
12:30	**6308教室 昼食および賛助会員によるプレゼンテーション**	
13:15	**6308教室 基調講演**	
	「『英語授業研究』の研究から見えてくること」	
	吉田 達弘（兵庫教育大学）	
14:30	休憩	
14:45	**6310教室**	**6311教室**
	分科会 A2: 授業学 (関西) 研究会	分科会 B2: 授業学 (関東) 研究会
	「キャリア教育との融合を図る英語教育の可能性」	「コミュニケーション英語につなげる音声指導の工夫―音読の指導方法からテストまで」
	村上 裕美（関西外国語大学）	杉田 千香子（帝京科学大学）
15:45	休憩	
16:00	**6310教室**	**6311教室**
	分科会 A3: 授業学 (関西) 研究会	分科会 B3: 授業学 (中部) 研究会
	「Content-based の英語教育の中での文法指導の在り方」	「経済的成功に収れんする可能性が低い外国語教育」
	岡田 伸夫（関西外国語大学）	浅野 享三（南山大学短期大学部）
17:00	移動	
17:15	**6313教室**	
19:00	懇親会	

The 1st JACET Summer(45th) and English Education(6th) Joint Seminar (Kyoto, 2018)
Classroom research revisited: Who are the 'practitioners'?

For the 2018 Joint Seminar, JACET will offer both its Summer Seminar and its English Education Seminar, in collaboration with three JACET SIGs on Developmental Education (Jugyogaku [Kanto; Chubu; & Kansai]). The seminar will focus on classroom research. In contemporary language education contexts, teachers are encouraged to identify salient issues, carry out systematic investigations, and collaborate with colleagues in research. Indeed, there are numerous challenges to conducting classroom research. This seminar thus aims to explore three areas: Why should we revisit classroom research now? How might we approach it? Who are the 'practitioners'? In addressing these questions, this joint seminar will include oral presentations, poster sessions, symposia, and featured lectures by prominent researchers.

Date: August 20th–22nd, 2018
Venue: Kyoto Prefectural University, Kyoto

Invited Speakers

Dr. Judith Hanks (Assoc. Prof.), University of Leeds, England
Prof. Tim Stewart, Kyoto University, Japan
Prof. Yosuke Yanase, Hiroshima University, Japan
Prof. Tatsuhiro Yoshida, Hyogo University of Teacher Education, Japan
Prof. Osamu Takeuchi, Kansai University, Japan

Program Outline
Monday, August 20th
12:00 Registration

13:00　Opening/Orientation

13:15　Lecture 1: Dr. Judith Hanks

　　　　Integrating research into language teaching and learning

14:45　Poster session (Room 103)

16:30　Lecture 2: Prof. Tim Stewart

　　　　Exploring the gap between research, publication and uptake

18:00　Dinner event (Deli Café Tamago)

Tuesday, August 21st

09:00　Registration

10:00　Lecture 3: Dr. Judith Hanks

　　　　Learners and teachers as co-researchers exploring praxis

11:25　Lecture 4: Prof. Yosuke Yanase

　　　　Four fundamental concepts for practitioner research

12:30　Lunch break (picture, publishers' presentation)

14:00　Lecture 5: Prof. Tatsuhiro Yoshida

　　　　Lesson study as a place of collaboration among practitioners of learning

15:15　Lecture 6: Prof. Osamu Takeuchi

　　　　"Who" should be looking at "what" in L2 practitioner research: Toward the improvement of L2 teaching

16:30　Symposium I

Wednesday, August 22nd

09:00　Registration

10:00　SIG Session I (Rooms 104, 105, & 106)

10:45　SIG Session II (Rooms 104, 105, & 106)

11:40　Symposium II

12:50　Closing

あとがき

淺川和也

　本書は英語教育のみならず、教育に関わるあらゆる者に、内省し実践する指針を提供しているように思われます。学会による研究活動のまとめとともに、わたくしたちの羅針盤ともなり得るものとなっているといえるでしょう。

　ジュディス・ハンクス氏の基調講演で示された「生活の質」を実現するということは、とかく視野が狭くなりがちな、わたくしたちとって座右の銘としたいところです。「探究」という旅路に、人びとが、出会い、そこで響きあうなかでポリフォニーのように生まれたのが本書です。柳瀬氏は、客観性を追求するという、とかく陥りがちな問題をあきらかにしています。当事者性から人権の実現へということが根本にあるということを肝に銘じなければなりません。吉田氏は、レッスンスタディの知見から、実践者によるリフレクション（省察）の重要性を述べています。教え学ぶという経験を共有するうえで、あらたな地平がひらかれていくと思われます。竹内氏の調査によって、ベテラン教員が持つ柔軟性がどのように形成されるのかがあきらかにされ、皆のものになるとよいとも思われます。

　本書には2つのシンポジウムも所収されています。柳瀬・吉田・竹内氏による発題でなされた「明日の授業にむけて—今、私たち英語教師にできること」では司会をさせていただきました。JACET の研究のあり方への提言もあり、それらを今後、どのように実現させるかに学会の未来がかかっているともいえるでしょう。JACET の研究会に端をはっして、授業という事象から曼荼羅のように描かれる世界を読みとる旅路へのスタートがきられたのではないでしょうか。

　最後に、関係各位のご尽力に感謝し、謝辞を述べさせていただき、あとがきとさせていただきます。

編者紹介（あいうえお順）

淺川和也（あさかわかずや）
明治学院大学国際平和研究所研究員
共訳『平和をつくった世界の 20 人』岩波ジュニア新書

小田眞幸（おだまさき）
玉川大学文学部教授
Oda, M. (2020). Reforming Foreign Language Teaching Policy in Japan: The Politics of "Standardization". In S. A. Mirhosseini & P. I. De Costa (Eds.), *The Sociopolitics of English Language Testing* (pp.130–146). London: Bloomsbury Publishing.

田地野彰（たじのあきら）
名古屋外国語大学外国語学部教授
Tajino, A. (Ed.) (2018). *A New Approach to English Pedagogical Grammar: The Order of Meanings*. Oxford: Routledge.

執筆者紹介（執筆順）

Judith Hanks（ジュディス ハンクス）
Associate Professor in Language Education, School of Education, University of Leeds, UK
Hanks, J. (2017). *Exploratory Practice in Language Teaching: Puzzling about Principles and Practices*. London: Palgrave Macmillan.

・**翻訳者**

加藤由崇（かとうよしたか）
中部大学人間力創成総合教育センター講師
Kato, Y. & Hanks. J. (in press). Learner-initiated Exploratory Practice: Revisiting curiosity. *ELT Journal*.

柳瀬陽介（やなせようすけ）
京都大学国際高等教育院教授
Yanase, Y. (2020). The Distinct Epistemology of Practitioner Research: Complexity, Meaning, Plurality, and Empowerment. *JACET Journal*, 64. pp.21–38.

吉田達弘（よしだたつひろ）
兵庫教育大学学校教育研究科教授
Yoshida, T. (2020). A second-person approach towards understanding English language lessons: A sociocultural analysis of the post-lesson conversation. *The European Journal of Applied Linguistics and TEFL*, 9(2), pp.45–64.

竹内　理（たけうちおさむ）
関西大学外国語学部教授
『より良い外国語学習法を求めて―外国語学習成功者の研究』（松柏社、2003）

岡田伸夫（おかだのぶお）
関西外国語大学英語キャリア学部教授
『英語教育と英文法の接点』（美誠社、2001）

村上裕美（むらかみひろみ）
関西外国語大学短期大学部准教授
『大学教員のための FD 手帳　MH 式ポートフォリオ―教師用』（ナカニシヤ出版、2013）

佐藤雄大（さとうたけひろ）
名古屋外国語大学現代国際学部教授
『対話を用いた英語ライティング指導法～ダイアローグ・ジャーナル・ライティングで学習者をサポートできること』（溪水社、2015）

馬場千秋（ばばちあき）
帝京科学大学教育人間科学部教授
『英語教育学大系 第 10 巻 リーディングとライティングの理論と実践』（共著　大修館書店、2010）

JACET 応用言語学研究シリーズ　第 1 巻
英語授業学の最前線

JACET Applied Linguistics Research Serials, Vol. 1

New Frontiers in Classroom ELT Research

The Japan Association of College English Teachers

Edited by ASAKAWA Kazuya, TAJINO Akira, ODA Masaki

発行	2020 年 11 月 18 日　初版 1 刷
	2022 年 1 月 31 日　　　2 刷
定価	2000 円＋税
編者	© 一般社団法人大学英語教育学会（JACET）
	淺川和也・田地野彰・小田眞幸
発行者	松本功
装丁者	三好誠
組版所	株式会社 ディ・トランスポート
印刷・製本所	株式会社 シナノ
発行所	株式会社 ひつじ書房
	〒 112-0011 東京都文京区千石 2-1-2 大和ビル 2 階
	Tel.03-5319-4916　Fax.03-5319-4917
	郵便振替 00120-8-142852
	toiawase@hituzi.co.jp　https://www.hituzi.co.jp/

ISBN978-4-8234-1040-6

英語教育における自動採点　現状と課題

石井雄隆・近藤悠介編　　定価 1,700 円＋税

英語学習者の作文や発話を自動で採点することは可能か？　本書では、学際領域である自動採点研究を自然言語処理、第二言語ライティング、学習者コーパス研究、言語テスト、教室における指導などの観点から論じる。また自動採点研究の知見を通して、人工知能と人間それぞれにとって、できることとできないことを明らかにすることを目的とする。

執筆者：石井雄隆、石岡恒憲、金田拓、小島ますみ、小林雄一郎、近藤悠介、永田亮

明日の授業に活かす「意味順」英語指導　理論的背景と授業実践

田地野彰編　　定価 3,000 円＋税

教育文法の最新理論「意味順」を活用した英語指導法の決定版、ついに登場。「意味順」を軸に英語指導の体系化をめざす。その理論的背景を、教育言語学、理論言語学、英語史、英詩研究の観点から検証するとともに、豊かな指導経験に基づいた授業への導入例を紹介する。中高から大学までの英語授業の未来を切り開く教師や研究者にとって必読の書。

執筆者：田地野彰、金丸敏幸、川原功司、高橋佑宜、笹尾洋介、奥住桂、藤木克哉、山田浩、佐々木啓成、村上裕美、加藤由崇、渡寛法、桂山康司